本书由苏州大学优势学科项目和苏州大学重点学科项目资助

管贤强 著

民国初期中学国文教科书外国翻译作品研究

社会科学文献出版社
SOCIAL SCIENCES ACADEMIC PRESS(CHINA)

目　　录

序： 继承、吸纳与创新 / 001

导　论 / 001
  第一节　研究背景 / 003
  第二节　研究问题 / 010
  第三节　研究意义 / 015
  第四节　本书结构 / 019

第一章　追本溯源：中学国文教科书外国翻译作品及文学的发生 / 023
  第一节　外国翻译作品入选中学语文教科书寻根 / 026
  第二节　《国文教科书》中外国翻译作品评述 / 036
  第三节　外国翻译文学选入中学语文教科书溯源 / 046
  第四节　新文学、新精神：《白话文范》中的外国翻译文学作品 / 057
  第五节　《白话文范》《国文教科书》外国选文特点比较 / 070

第二章　宏大叙事：教育思潮及文件互动下的外国文学编选 / 081
　　第一节　《国语纲要》(1923) 对外国翻译文学的
　　　　　　规划 / 084
　　第二节　"国语纲要"前后初中国文教科书中外国翻译
　　　　　　作品 / 095
　　第三节　"国语纲要"时期初中国文教科书中外国翻译
　　　　　　作品的编选 / 114

第三章　洞幽知微：外国文学编写细部中蕴含的实践智慧 / 129
　　第一节　"国语纲要"时期凡尔纳冒险小说的选编与
　　　　　　修改 / 132
　　第二节　"国语纲要"时期爱罗先珂童话的选编和
　　　　　　修改 / 144
　　第三节　"国语纲要"时期安徒生散文的选编与修改 / 157

第四章　研究教学：外国文学选文的专业聚焦与教学回顾 / 177
　　第一节　"国语纲要"时期初中语文外国文学教育
　　　　　　研究 / 180
　　第二节　"国语纲要"时期中学外国翻译文学作品
　　　　　　研究 / 193

结　语 / 209
附　录 / 225
后　记 / 273

序：继承、吸纳与创新

孟庆枢[*]

读过贤强博士的《民国初期中学国文教科书外国翻译作品研究》书稿，给我的感觉是欣喜、厚重。这两种感受同时油然而生，这是因为：从他攻读博士学位开始，我就开始关注他的这一研究方向，后来他在博士生导师指导下，编选了《民国经典国文课》（商务印书馆出版），出版社让我撰写推荐语，我得以全面地阅读并学习了这些文章。虽然不少篇章为我常年所爱，但是再次阅读还是带给我很大的惊喜。我越发感到贤强选择了一个既有重要学术价值又有现实意义的课题。

中国文学研究者都知道，相当长时间里关于民国时期文学文化的研究十分薄弱，近些年来学界的"民国热"该是一个弥补（当然，在评判上各有千秋）。当今，我们迎来了一个呼唤创新的时代，创新离不开传统文化，它是我们共同的记忆。一个民族、国家的崛起，必以民族文化的复兴、崛起为先导。"温故而

---

[*] 孟庆枢：长春大学孟庆枢学术中心教授、博士生导师。

知新","新"是对"旧"的承继与超越，民国这一阶段是一个重要的转折期，多种思潮交织、争斗；同时，创新也必须开放地广博吸纳域外一切优秀的文化精品，为我所用，这两者不可偏废。民国阶段恰恰在这方面又是一个开创期。正是在这样的背景下，《民国经典国文课》让人瞩目也是必然。当时我每每阅读所选文章，就不由得思考：无论是人生哲理、国家兴衰的历史经验，还是人生百态的体悟，这些文本都会给当下的我们一些新的启迪。它既有历史的凝重，让我们重温中国人在屈辱年代的苦闷、拼搏与自信；又提供了和前人进行心灵沟通的渠道。由于多种原因，相当长时间这段历史与文化渐行渐远，我们和传统血脉似乎衔接不畅，折射出当前一些精神上的缺憾。细读文本附卷沉思，不时叩问当今视角的促狭，头脑里残存着从未被质疑的"自明"。接上血脉之后，有种心连寰宇的豁达，或是品尝五味俱全的人生感慨，当然也不乏直通心扉的愉悦。当时我就想如果贤强能继续循此前行，推出一部研究著作该有多好？贤强满足了我的阅读期望，时隔两年，又推出了这本《民国初期中学国文教科书外国翻译作品研究》，这正是他多年心无旁骛、孜孜以求、"跟踪"探讨的硕果。他以"咬定青山不放松"的劲头，推出了这本新作，这当然令人欣喜。读完全书，在欣喜中又颇感厚重。因为它是集多种力量打造而成的。本书具有史家的锐敏眼光，这是宏观把握的基础。同时，贤强多年中学语文教学（特别是教学中的改革探索与实践）经验的沉淀犹如发酵的陈酿。

他的问题意识处处能够接上地气，不是空泛的议论。更可喜的是此书直达当今正在进行中的教育（中学语文教育为中心）和文化创新的前沿，是在风口浪尖上弄潮。对于书稿，我另一个突出的印象是：在"互联网+"时代，贤强发挥强项，利用高科技手段，用大数据作为佐证，展现在读者面前的资料充分、全面，让事实说话的特点自然而生。我国古代以来形成的文论传统是重实证，在注释古诗文时孤证是不被认可的。当今在信息化时代，科学的态度和高科技结合会使古代文论优秀的传统如虎添翼。本书稿附有16幅图表，让读者一目了然，各表要指明的某种倾向不需多言，都是很有说服力的。譬如，列出翻译的不同国别的文章一览表，使我感到眼睛一亮的是，在那个时代居然有在今天还未被注意的国家赫然纸上。这些都是贤强博士在"尊重多样文化，吸收人类优秀文化营养，提高文化品位"的目标下所做的实实在在的工作。虽然是学术著作，但是听得见作者的心声，诚挚地邀请他者对话，使得文本活起来、动起来。为此这里没有"片面的深刻"，多的是平实与厚重，引发的是读者的深度思考。

教科书里面的文章是选文，也是文本，教科书的文本是有着特殊负载的文本。我觉得本书对于文本论和叙述学研究也颇有新见。撰写者没有教条式地贴标签和作结论，而是采取细致分析，从文本论的各个方面条分缕析，得出使人信服的看法。这本著作不是一本旨在讲述文本论或叙述学的著作，但是，它的价值恰恰在于结合转型期的文学，又选定在中学语文课本的领域，结合具体篇章说出了大道理，颇多新意。撰写者明确指出："对教科书的研究既要关注宏大叙事"，也要"洞幽知微"，探寻教科书编者的实践智慧。这些论文将选文的过程视为文本的再生产、再创造的过程。贤强受过比较文学的科班训练，对于文本论和叙述学一直孜孜以求。近年来我建议他读读前苏联的人文符号学、文本论理论大师洛特曼（1922－1993）的著述，我把我们洛特曼学习小组的有关资料不时提供给他，或许对他也有所帮助。虽然他在书稿里没有直接引用，但是许多论述颇得洛氏神髓。为此想结合文本论多说几句，选文的生产和创造是人类文化的传播形态，是一个时代的科学技术、社会思潮、政治制度等巨大变化的产物。洛特曼在《结构诗学讲义》（1964）开篇就讲："现阶段的学问思考越来越显现出以下特点，即不是作为人生的个别、孤立的现象，而是作为一个统一体来探讨的趋势越发彰显"，"从对个别现象的观察和记述到多种体系的分析的趋势，越发向自然科学与人文科学浸透。辩证思维深入到研究方针与研究机构之中。"[1] 这就是以后频频出现结构的、网络的、跨学科研究的实质。人文学科与社会学科的融通已经势在必行，在民国时代这一趋势也露出端倪。

当然，选文的生产也离不开文本观和文本论。早在上世纪六

---

[1] 同时参考日本学者矶谷孝的日译《文学理论与结构主义——探讨文本论的符号论途径》，1978，东京，劲草书房。因国内至今无俄文译本，引用时请核对原文。

七十年代，洛特曼就构建了辩证的、开放的文本论的新体系，他认为：文本不是一个物质层面的、静态的、僵死的存在之物，而是"围绕这一'物'的诸种关系的结构"。写作者和阅读者一起展开对话，进入共同创造的"场"。表面看任何文本都是有限界的（犹如舞台设置、绘画的框额）。"但是，这是让人从物质性来接受，同时又让你通过视听而发生想象关联，进入动态之场"，可以说这是以人为本的文学文本论。这里不是讲民国年间我国优秀作家、学者、编辑者已经知道洛特曼的文本论，但是洛特曼的理论的核心是倡导"人的文学"，是动态的文本论，这和我国民国时期的优秀作家、理论家是相通的。在"人的文学"这一认识的指导下，他们对于传统文学有着新的诠释，选和编上便有了人本观点，这也重构了文学的审美风貌。他们倡导艺术文本阐释的多元化，正如常说的一千个读者就有一千个哈姆莱特。洛特曼在著作里反复强调艺术文本里面有两个以上的体系，告诫人们如果光以理性概括思维来分析文艺作品，必然带来很大的缺失，必须进行多维、全方位的体悟。"这样的阐释越多，艺术文本所具有的意味就越来越深厚，它的生命即得以延伸。"其实，这是从本质上谈文学，人也进入文本，他的生命意识就是如此体现的。民国初期的编者不同程度地具有这样的问题意识，难能可贵。今天要继承的也在于此。洛特曼指出："从古至今，无论是一般读者还是研究者，对于文本都有两种理解思路：一是强调'理解'，二是强调'美的享受'。有的研究者着眼于概念的构建

(越是抽象越有价值),另一种研究是消除一切概念和艺术之本质之类,因为他们认为这些导致作品贫乏无味和走上歪曲之路。"① 毫无疑问,对于文学文本理论概括式的解读有其存在的道理,简单地剔除并非上策。在民国时期,那时的编选者已经通过自己的体会和借鉴日本的经验在不断突破这一模式。只有多维的(其中"审美的"占有重要地位)接受,才符合"人的文学"的本意。洛特曼说:"这样的阐释越多,文本所蕴含的艺术意味就越来越浓厚,它的生命也会得以延伸。""只允许有限的阐释的文本,就会接近非艺术的语言,固有的艺术生命就会丧失。(当然如果是这样,文本的、伦理的、哲学的、政治的寿命虽然不会受到妨害,但是其寿命已经由别的理由所决定了。)"② 民国时代的编选者为了打造新的国民,在文学文本的选、编与阐释上是引领潮流的。

文本的核心是语言问题,文字作为人类独有的符号(汉字作为一种独特符号)是文本选编者着眼的基础,为此,民国时期在时代发展过程中也把握住了这一要害。贤强博士提出翻译的外国作品应为中国文学的补充这一观点很有见地。把通过某种外文书写的作品译成的中文作品简单地叫作"外国文学"是不严

---

① 以上引文均参照日本学者矶谷孝的日译《文学理论与结构主义——探讨文本论的符号论途径》,1978,东京:劲草书房。
② 同时参考日本学者矶谷孝的日译《文学理论与结构主义——探讨文本论的符号论途径》,1978,东京:劲草书房。

谨的，不管多么优秀的翻译家的译作，只能是在既定舞台上的一次再创造。任何民族的文学作品（尤其是诗歌、韵文等民族特色浓厚的作品）在译介过程中已经发生变化。洛特曼接受俄国形式主义大师们的成果，在结合语言研究文学的领域更上一个新高度，他结合普希金等俄国文学大师的文本进行的细致入微的分析，令人心服口服。因为只有通过语言的表达（通过接受），人才会感受到心与心的互动。自从人成为"文化人"以来，人就必然生活在虚与实两个世界里。为此作为符号动物的人类就与之结为一个共同的场，演绎生命的多彩，折射宇宙的奥秘。从语言学研究来说，索绪尔的开山之功在于颠覆了关于语言的形而上的思维模式，能指与所指揭示了人内心世界创造力的无限活力，也昭示出人类在用符号表达上的复杂与多样性，其实这和人自身是一致的。西方的哲人和文艺理论家们早就说过："词不只是钥匙，它也可以是桎梏。"（萨丕尔语）川端康成说过："人过分信赖语言，产生不了新的表现。"洛特曼旁征博引俄罗斯和前苏联作家作品，切中肯綮地深入发掘，使我们更加清楚地认识到：离开对人的本质的理解，孤立地看取文本、解释词句，往往会南辕北辙。一切文本的律动都围绕着人的"生命意识、求新意识（含欲望）、对立统一意识、回归意识"（笔者多处阐发），与时俱进地展示多彩的景观，绘制出让人惊叹的画卷。所谓"陌生化"其实不必硬造一个词，人的求新本性就在时时求变、求发展。从《民国初期中学国文教科书外国翻译作品研究》可看出那个时代人们的心路历程。当年的

"翻译"是不存在什么版权问题的,日本明治年代的一些翻译名篇是被当作国文典范来读的。例如,二叶亭四迷翻译的屠格涅夫的名作《邂逅》一直被看作他的作品。翻译恰恰体现人类的"我中有你,你中有我","人类命运共同体"的哲学基础盖在于此。循此路线直达对"文学"的再认识,这该是最有价值的思考了。

此外,在包括民国在内的一些文化转型期,我们都会深刻体会到文学作品在"结构"上的变异。对此洛特曼作了深入浅出的剖析,他认为:"我们不管如何正确地规定规则,接着又会立即指出从这规则产生脱逸的问题。……从规则脱逸不仅仅是艺术结构的法则,甚至可以作为反论,在由素材而出现的物质性所体现的层面里,作为结构来说都不过是理想的结构产物的一个变种而已。"这恰如俗语所说的一母生九子,九子不一般。世界上无完全相同的手纹这一说法也可以帮助理解这个含义。为此,当时的教科书编选者适应时代发展而提供"新的"东西就很好理解了。从根本上说是人的创新意识的本能这一源动力的驱使,当然方向是由编选者来确定的。

选文编写固然需要关注民国初期中学国文教科书外国作品的启示,但是也不能忽视当前选文生产遭遇的严峻挑战。当下文化中一个十分突出的现象,是人们对于文字表述的不信任和反拨。从科技上看,网络的发达、影视化的便利、人的原声的留存、行为的展示,都各显神通。尤其青少年迷恋网络也属于此范畴。前苏联人文符号学家洛特曼振聋发聩地作了一些重要论述。他指出:"具有意义(所指)和被具有意味的(能指)二者之间的关系,只有在赋予一定模式之条件状态下才能被理解的自然语言之符号,容易成为不可理解之物,被模式化的意义体系,被社会生活组合建构,也可以成为欺骗之物。作为信息源的符号,同样可以成为扰乱社会信息之手段产生和语言斗争之倾向,就是对语言具有欺骗性的本质认识之自觉。"对语言敬畏的同时,这也成为人类文化延续的一个要因。多元文化里最高理解形态是不著文字而彻悟。境界,超过语言的交流,比如音乐、爱、非语言学化的语言学,感情言语让人产生联想。"[1] 我国的禅学是这一理论的早期实践、开拓。文化生产的路未来怎么走?细思量。

是序亦是对话,和贤强与广大的读者对话,有朋自心中交谈,不亦乐乎?

己亥正月于北京常青藤宅

---

[1] 参考日本学者矶谷孝的日译《文学理论与结构主义——探讨文本论的符号论途径》,1978,东京:劲草书房。

导论

我曾在高中执教语文，那时身处中国当代课程与教学改革最前线，每天都与语文教科书为伴。这些工作经历让我更加关注教科书的使用，关注教科书中作品的编写；在教学中也常与编者、课改进行对话，对太多的困惑感同身受。于是，从现实的泥淖拔足而出，在重新回到象牙塔求学时，我义无反顾地扎进了历史的故纸堆中，试图寻找解决现实问题的真经。

第一节　研究背景

语文教育史照亮语文教育发展之路，但是语文教育史中诸多议题的轮廓并不清晰，比如：中学国文教科书选入外国翻译作品，这一事件是如何发生，又是如何发展的。在倡导"尊重多样文化，吸收人类优秀文化的营养，提高文化品位"[①] 的新世纪课程改革背景下，整理民国初期中学国文教科书外国翻译作品的相关史料，并从课程教学论、文学传播、编辑学理论等视角予以深刻的学理审视，有助于我们澄清历史认识，更贴近历史的本真面貌，进而以史为鉴，获得解决当下问题的若干启示。

---

① 中华人民共和国教育部：《义务教育语文课程标准》（2011年版），北京师范大学出版社，2012，第6页。

一 转型时期的基础教育亟须多样文化的滋养

有学者用隐喻的方式形象地将民族文化发展比作一个有机体,它会诞生、成长,通过消化吸收营养来繁衍生息,也会衰败凋谢或是老化、死亡①。民族文化生命的延续,从时间维度来看总要面对新旧文化的交汇,或融合产生新文化,或互相践踏废除老旧文化;从空间角度来看要面对外来文化的冲击,或迎接或抗拒,优势文化总是不断扩展自己的生存边界,暂时处于劣势的文化也只好改旗易帜求得发展,或者故步自封最终灭亡②。

步入 21 世纪,在全球化背景下中国进行了新世纪语文课程改革。随着经济全球化、信息网络化的发展,民族之间、国家之间的联系日益紧密,整个地球仿佛以村落的形式存在,但是彼此之间的竞争和冲突也时有发生。当代文化转型的复杂性,不仅体现在民族文化与外来文化的冲突与交融上,还体现在现代文化对传统文化的反省、批判与扬弃上,进而构建与工业化、民主化、城市化等相适应的现代文化。未来民族文化是"全球化与地方化不可分割"③,文化性质从工业文化转向信息文化,文化主体

---

① 周有光:《漫谈西化》,《学思集:周有光文化论稿》,上海教育出版社,2006,第 227 页。
② 邓志伟:《多元文化·课程开发》,安徽教育出版社,2008,第 50~51 页。
③ 杜维明:《世界文化的东亚视角》,关世杰主编《世界文化的东亚视角:中国哈佛—燕京学者 2003 北京年会暨国际学术研讨会论文集》,北京大学出版社,2004,第 9 页。

从区域文化走向全球文化,文化空间从离散时空文化转向同步时空文化,文化形态从稳定文化转向动态文化,文化权力从垄断性文化转向平等性文化,文化层次从精英文化转向大众文化[①]。转型时期的基础教育课程改革,亟须多样性的世界优秀文化滋养,既要民族特质也要世界性,既要传统特色也要兼顾现代精神。文化理解日益丰富,必然带动选文不断推陈出新,外国翻译作品选文应承担文化发展所赋予的责任,让学生通过选文的学习了解域外语言特色、表达技巧、思想内容,在对他者的观看中开拓思维、获得新的审美体验,更多地了解其他国家的文化。

构建文化转型时期的外国翻译作品教育,离不开教科书编者和优秀教师的参与。从教科书编写来看,编者需要对选文编写的"道"有深刻的思索,对"技"有工匠精神。当前教育部组织编写的语文教科书逐渐发行使用,编者编写高质量选文,就需要追问外国翻译作品选文的特质是什么,什么样的作品最值得教,选文的教育意义在哪里,只有对这些本质性的问题有深刻的认识,选文才可能突破数量丰富、形式多样这一表象下本质单一的窘境。学生学完外国翻译作品,能够领略选文魅力,更愿意亲近外国翻译作品。语文教科书编写的困难,在于对选文意义和本质把握得不够,这就导致编写出来的选文也不可能让学生感受到外国翻译作品的魅力,进而得到濡染。当然,外国翻译作品选文编写

[①] 邴正:《马克思主义文化哲学》,吉林人民出版社,2007,第163~172页。

除了存在"道"层面的不足,还存在"技"层面的忽视。毕竟,编者不是外国翻译作品选文理论的思辨家和严密体系的构建者,他们大多是选文编写的实践家,这无疑增加了我们梳理选文编写经验的难度。从教科书外国翻译作品的教学实践来看,基础教育中外国翻译作品教学的探索有待深入。现行基础教育课程体系有着丰富的外国翻译作品内容,单篇外国翻译作品、外国翻译著作均为外国经典作品教育的载体,必修课教材中马克思《青年在选择职业时的考虑》、赫尔曼·黑塞《〈逍遥游〉节选》、奥尔多·利奥波德《像山那样思考》、欧·亨利《最后的常春藤叶》、劳伦斯《鸟啼》等这些经典选文与现代作品、外国作品组成人文主题模块,全书阅读的书单中有海明威《老人与海》、布封《昆虫记》、凡尔纳《海底两万里》、奥斯特洛夫斯基《钢铁是怎样炼成的》等。新世纪课程改革对于外国翻译作品教育有着新的期待:在古今中外的比较中丰富语言表达、理解文化、传承文化;外国翻译作品教育强调文本与学生生命活动的对话。但是,在实际外国经典作品的研习中,师生追求"标准答案知识"① 及其知识的标志——分数的教学样式。因此,对外国经典作品的研习在知识点、考点的指引下将气韵生动、情思充沛、蕴含异域文化的文本简缩为考点符号的象征物,教师的"教"和学生的

---

① 管贤强、陈月鸣:《教师要创新整本书阅读任务单的设计》,《大连教育学院学报》2017年第4期总第33期,第13~16页。

"学"都在这些琐碎的"考点"下匍匐前行,这必然忽视了外国经典作品中所蕴含的方法的锤炼、语言表达的丰富、文章的考究和谨严、个体生命的灵动丰盈、文化的传承和理解。当外国经典作品的学习者长期接受这些碎片化的语言、文章与文化信息时,他们既不能掌握异域语言运用的特点,又不能获得宏观的文化视角,长此以往,容易用片面的文化观处理当前的文化冲突,从而弱化自身对复杂文化现象的思维力。

那么,什么是国文教科书外国翻译作品选文?教科书中选入外国翻译作品何为?选文的身份、特征、样态是怎样的?它在现代中国文化、现代中国人转型的结构性功能中发挥着怎样的作用?针对这些选文应如何开展教学?这些问题在中西文化碰撞的民国初期就被不断叩问过,在今天教育转型的背景下课程实施、教科书外国翻译作品编写和教学等工作便显得尤为迫切,了解民国时期外国翻译作品选文编写和教学的优缺点,对科学严谨地处理今天的选文编写和教学有着借鉴作用。

二 外国翻译作品选文编写与教学的历史研究基础薄弱

当下外国翻译作品选文编制及教育历史研究基础薄弱,处于边缘状态。其研究基础薄弱,是因为就外国翻译作品选文书目和教育案例整理来说,虽有展开但仍不全面,更不用说达到建立在书目和教育案例基础上展开更深入的研究的程度了;其研究受到忽视,是因为对民国初期外国翻译作品选文及教育如何发生、发展,迄今为止学术界还没有进行较完整的历史回顾和较具深度的专业聚焦。正因为我们缺乏对选文课目及教育演变历程的系统整理,也就限制了外国翻译作品选文编制与教育研究的继续深化。

另外,选文编制与教育研究薄弱,不仅体现在史料的缺乏,还体现在对史料背后学理意义挖掘得不够深入。历史研究,绝不仅是史料堆积,还需要对史料深入反思、批判和诠释。这种现象是由以下几个因素造成的。第一,问题意识的缺乏限制了研究者主动地探索和思考。传统教育史研究,常常对历史资料进行整理,通过对其梳理呈现某一历史现象的发生、发展及消亡。这种研究注重历史阶段分期,历史叙述往往呈现线性发展趋势。与传统教育史研究不同,问题史学力求将历史发展与当下困境相互联系,在法国史学家、年鉴学派奠基人布洛赫看来,"一件文字史料就是一个见证人,而且像大多数见证人一样,只有人们开始向他提出问题,他才会开口说话。历史研究若要顺利展开,第一个必要前提就是提出问题"[1]。第二,理论素养的缺乏。教科书选文历史研究具有一般史学研究的共性,包括两个层面:一是了解过去发生的事,二是要能对"所认定的史实"进行"理解和诠释"[2]。前者是科学的、客观的,而后者对于史料的诠释则有赖

---

[1] 〔英〕杰弗里·巴勒克拉夫:《当代史学主要趋势》,上海译文出版社,1987,第44页。
[2] 何兆武:《对历史的若干反思》,刘北成、陈新编《史学理论读本》,北京大学出版社,2006,第3页。

研究者理性思维和体验能力两方面。因此，选文历史研究永远是史料和理论二者的结合，史料是研究基础；而理论可以使研究者的思想观念获得更新，对旧有史料重新诠释而生成新的意义内涵。本研究也试图立足恰切的理论视角，进一步探索外国翻译作品选文编制及教育史料的学术意义。对于其意义的探索，我们将会从课程教学论的课程转换理论及其文学研究领域的文学传播学理论两个层面展开。

除了外国翻译作品选文编制与教育史料匮乏、学理意义薄弱之外，选文研究还需要在研究方法上做进一步突破。郭法奇在《教育史研究：视野、方法及功用》《教育史研究：应当增强一定的解释力》两篇长文中提及教育史学研究方法的发展趋势，即叙述史方法与问题史方法结合，宏观研究与微观研究结合。叙述史方法和问题史方法结合，就是要突破以往历史研究中追求"开端、发展、衰弱"的线性叙述模式，而使得研究者能够带着当下的问题去研究历史[1]；宏观研究和微观研究结合便是要兼具两种研究的优长，在宏观描述、整体把握历史的基础上，能够对个别、具体的历史现象进行深入的理解[2]。宏观研究与微观研究相结合，便是探索"社会史"与"个体生存史""两个层次之间

---

[1] 郭法奇：《教育史研究：寻求一种更好的解释》，中国社会科学出版社，2012，第180~181页。
[2] 同上。

的联系"①。

  研究者已经意识到既往研究中史料整理、学理意义、研究方法不足的情况。因此，在本研究中，研究者一方面会进行夯实史料整理等基础性的工作，另一方面也将借助理论、问题意识对历史史料进行富有想象力的解释。何为历史想象力？就是历史研究不应仅停留在资料描述上，而应借助想象力还原当时外国翻译作品选文编写及教育的图景；同时，历史研究也不应仅停留在资料整理上，而应通过理论支撑来分析史料，磨砺研究者的洞察力。通过研究方法上的突破，以及历史想象力的参与，选文研究者、编辑者可以借助历史学的研究视野，通过回顾历史增强对现实的洞察力，见微知著，看清世事。

第二节　研究问题

  21世纪以来，全球化进程加快，文化转型呈现多元化格局，文化生存政治日益得到关注。国家安全维护需关注人的精神世界和文化素养，语文教育在培养文化自觉和文化自信中发挥着重要作用。当前，核心素养背景下语文基础教育改革，需落实文化育

---

① 伊格尔斯（Georg G. Iggers）：《二十世纪的历史学从科学的客观性到后现代的挑战》，何兆武译，辽宁教育出版社，2003，第119页。

人要求，传承优秀文化传统，理解多元文化。文化育人不仅是"国家工程"，也是语文课程发展的内在要求，需落在语文教科书编写实践之中。教科书选文，尤其是外国翻译作品选文，理应承担文化转型期所赋予的责任，与其他选文一起提升青少年语文素养并影响其价值观，共同培养未来"文化自信""文化自强"的国民。因此，通过教科书外国翻译作品选文编写与教授来达成多元文化理解成为当下基础教育研究热点。

回顾有关外国翻译作品选文的研究文献时，笔者发现关于外国翻译作品编制与教育的单篇论文和硕博论文不断增加。从查阅到的有关文献来看，研究者主要从五个视角展开探究。1. 历史学视角。由于受史料限制，缺乏对外国作品教学的回顾，更多集中在呈现历史演变风貌的外国作品选文，呈现选文事实和价值层面的演变轨迹。研究者将外国作品选文视为历史演变的表征，分别从选文标准等方面探讨外国作品选文的发展轨迹。研究对象或关注经典选文，如《最后一课》《项链》等；或针对某个关键时期；或对同一出版社不同时期的版本进行比较；或对不同时期不同出版社所编的选文进行比较。研究方法主要通过历史纵向比较。2. 教育学视角。经课程转换而生成教科书选文，因课程转换而展开教育教学，呈现教育思潮、课程文件、教科书的互动关系。研究者对"课程"的理解更加细化，认为教育思潮属于"理念课程"，课程文件属于"文件课程1"，语文教科书及其选文属于"文件课程2"。对于语文教科书中外国作品选文的编选和教育教学,都需要经过编者和教师的感知理解,从这一层面来说,这就构成了教科书编者的感知课程和语文教师的感知课程两种形态,也正是经由编者和教师的感知理解,才构成了选文面貌和教育教学多样丰富的格局。研究者通常采用个案分析揭示编者和教师的感知理解、差异的教育理念在选文的编写和教育教学中发挥着重要的作用。3. 传播学视角。经作者、编者的加工改写和教师的教育教学,外国作品最终从社会文本转变为教学文本。研究者认为教科书选文和课堂作为传播的重要方式。从传播学视角来看,外国作品(原文)到外国作品选文(选文)需要经历再次传播过程。从"作品"到"选文",为达到语文教学要求编者有必要对外国作品进行加工改写等;从选文到教学,教师也需要进行解读和提取教学重点。这种研究内容广泛,涉及教科书选文和教育方方面面,如助读系统等,研究方法有比较研究、案例分析等。4. 社会学视角。作为官方知识的外国翻译作品选文,探讨经典选文和核心价值的互动关系。研究者将外国作品选文作为官方意识形态的物质载体,考察国家通过官方经典的建构和传授,实现思想控制,建立国家认同。研究方法采用事件分析、案例分析、理论思辨。这类研究具有批判性,透视选文生产教育过程中社会控制的合理性。5. 文化学视角。作为文化存在样态的外国作品选文,认为语文教育现代化需要外国文化滋养。研究者通常将外国作品选文的编制和教育作为学生获得文化理解的一种方式。研究方法主要采用文献分析、量化研究、个案研究，对教科书所选用外国作品意识形态上的偏见、忽略学生科学素养的培养多有提及；也提出未来选文编写和教育方面的建议，如选文标准应考虑学科性质、任务、学生文化需求、心理特点、语文熏陶濡染、教学内容价值取向等。总的说来，语文教科书外国翻译作品选文编制和教育研究有待深入。

对比以往研究，未来研究呈现如下趋势。1. 资料整理与历史研究、理论探讨相互结合，凸显研究的学术和应用价值；2. 跨学科视角和多种方法有机整合，全面认识选文编选和教育的复杂性，增强研究的灵活性；3. 宏观、中观、微观并重，点、面、体结合，静态研究和动态研究兼顾。

但这些丰富的研究并没有真正回答如下问题：外国翻译作品什么时候第一次被选入中学语文教科书？为什么会选入？选入的意义和价值何在？这些选入的外国翻译作品之后如何发展、壮大？在民国初期整体呈现何种面貌？在这整体面貌下各个出版社打造的教科书选文呈现何种特色？选文面貌与课程理念、课程文件之间如何相互作用？在选文从社会文本转变为教学文本过程中，编者如何展开选文加工？如何在选文加工中考虑学生的接受度？如何在选文加工中协调语言文字的规范性和个性表达之间的张力？民国初期外国翻译作品的教育和研究又呈现何种面貌？这些问题都是当前外国翻译作品发展史中并未触及，也鲜有人关注的。因此，结合最初的困惑，本研究从"课程论""传播学"

等理论视角出发，以民国初期中学国文教科书外国翻译作品编制和教育为研究对象，主问题聚焦"民国初期中学国文教科书外国翻译作品选文如何从社会文本转变为教学文本"的研究。为了更好地回答主问题，研究者又设置了四个子问题。子问题1侧重关键事件，重新对民国初期中学国文教科书首次选入外国翻译作品事件展开历史回顾，勾勒这一事件发生的历史动因，这就从关键事件维度来解决"关键事件层面，外国翻译作品如何从社会文本转变为教学文本"的问题。子问题2侧重宏观层面分析。从教育思潮、课程文件、教科书中外国翻译作品整体面貌三个维度来解决"宏观层面，外国翻译作品选文如何从社会文本转变为教学文本"这一问题。子问题3侧重微观层面，关注编者对选文的加工。从选文加工改写的角度来回答"微观层面，外国翻译作品选文如何从社会文本转变为教学文本"这一问题。在这一问题的回答中，我们关注选文加工改写的事实层面，也透过事实层面思考背后的价值意义，即在加工改写背后，外国翻译作品选文重构了哪些教学功能。子问题4侧重育人的层面，聚焦于教师的课堂教学。尝试从育人的角度来回答"课堂中，外国翻译作品选文如何最终从社会文本转变为教学文本"这一问题。在回顾民国初期课堂教学中，我们将"深描"和"审辨"相结合，"深描"可以通过文字带领读者走进民国初年课堂教学现场，"审辨"对其教育教学进行专业聚焦和深度思考。

第三节　研究意义

从研究现状来看，回顾民国初期中学国文教科书外国翻译作品的编制与教育，将对教育、文化、编辑等领域产生一定的意义。从研究特点来看，本研究属于历史研究。如果研究者顺利地回答上一节提出的问题，那么本研究的意义将体现在如下四个方面。

第一，建设选文数据库，开启历史视域下的混合研究法。传统教科书选文史研究，通常采用定性分析方法，大量占有并阅读史料，但当资料量过大，分析也易流于感性或浮在经验层面。随着现代数学方法和计算机等现代化手段的应用，计量史学被引入教科书选文史研究，研究者试图提取和揭示选文历史发展中数量表现和数量特征，了解选文的流变和发展方向。正是在教育史研究方法范式转型背景下，研究者借助了郑国民教授团队建立的"20世纪中学语文教科书选文数据库"，该数据库收录北京师范大学图书馆馆藏的150余套中学语文教科书，其中新中国成立前教科书90套，包括选文22938篇，每篇选文录入题目、作者、体裁、时代、国别等18项信息。为研究方便，将教科书选文粗分为古代选文、现代选文、翻译选文三大类，三类选文共同承担着现代语文教育的使命。在此基础上，将"历史研究""定性研究""量化研究"进行混合,构建"历史视域下的混合研究法"。自此,语文教育史的研究范式逐渐转向量化与质性相结合、述史与论史相结合、思想与实践相结合,更加注重研究的科学性、学理性和实用性。

第二,丰富教科书选文编制理论,澄清其传播意义。对教科书选文的研究既要关注宏大叙事,将选文编制与文化变迁、教育思潮、课程文件等外部因素充分互动,在活动中选文以不断更新的方式回应变化的教育环境;也要洞幽知微,从选文编制细部观察其如何从社会文本转变为教学文本,民国的教科书编者皆非选文理论思辨家和严密体系构建者,他们多是选文编写的实践家,在细部感受其文字加工处理中的实践智慧;还要追踪关键事件,针对首次选入外国翻译作品和文学等重要事件,研究外国翻译作品在教科书中入选、储存、传送机制。最后,还应该在选文编制中感受其开放眼光。所谓开放眼光,指的是在古与今、中与外的文化转型中民国时期教科书编者确立了开放的编写思维和审美标准,古代作品、现代作品、外国作品兼容,文学作品、科学小品、议论随笔并包,这些文质兼美的内涵文本释放学生的多元思维,保持着学生适当的文化张力,引导着现代社会开放性价值观的形成。

第三,基于选文,梳理民国初期外国作品教育的发展脉络。中学国文中外国作品教育的发生发展与教科书选文编写相互关联,教科书选文,是从精英向大众转换过程中国文教育质量的保证,也是国文教育活动中师生教学的纽带。从这个意义上看,选文便是现代语文教育的物质载体,重温民国初期外国翻译作品选文的嬗变历程,便可透过文字去追寻现代以来源源不断的人文脉息及现代语文外国作品教育思潮的演变轨迹。例如,1900~1919年,这一时期入选《克虏伯》《微菌》等选文,这些外国翻译作品多为辑译改写后的与政治、经济、交通等领域相关的短文,并且教科书编者并未明确作品的外国作者与译者。1920~1928年,入选三次及以上的作品分别为:《一件美术品》(契诃夫著,胡适译)、《我的学校生活一断片》(爱罗先珂著,胡愈之译)、《黄昏》(什朗斯奇著,周作人译)、《卖国的童子》(都德著,黄仲苏译),这些作品多为文学作品。通过选文变化,我们可以更准确更形象地把握现代语文教育的发展:第一,育人目的从"塑国民"转向"为人生",契诃夫、爱罗先珂、都德等作家的作品入选,使得外国翻译作品选文的风格转为"铺张扬厉、激昂慷慨"及流露出时代转型的焦虑,这与新文化运动背景下自我的发现、自我的抒写分不开;第二,育才目标开始注重激励和发展学生的表达力,开始关注都德的小说,爱罗先珂的童话,赫胥黎的评论,这必然会包容学生个性的表达,砥砺学生严密的思维逻辑,优化其语用的审美质地;第三,育人方法积极实验道尔顿制,在古今中外的比较中掌握外国作品、理解异域文化,外国翻译作品要贴近学生的生活和经验,注重作品与学生生命体验的对话等。

第四,回应母语教育与文化理解、传承、创新的关系。在选文学习中,民国初期学生便透过阅读外国翻译作品选文之境窥视异域作者语用的 DNA，在此基础上进一步丰富自我的语言体系；同时通过对选文内容的阅读理解，获得文化理解和文化启蒙，把个体从自在、自发的生存状态提升到自由、自觉的文化生活状态。研究透过对选文的数量、质量、内容、功能作编码分析，以"育人"为核心旨归，让数据说话，呈现现代语文教育外国作品育人的演变历程，进一步阐释社会文化如何通过教科书选文介入学生的个人生活，成为其生命成长的持续影响因素。综观 20 世纪前期中学国文教科书选入频次前 5 位的作品，即《最后一课》《柏林之围》《二渔夫》《卖火柴的女儿》[①]《流星》，我们可以看到，自然、亲切、富有意味（意义与趣味的综合体），是这些选文的三大主要特征。这些选文对学生不是"教训"的口吻，而是"指导性"的。选文内容贴近学生的文化经验和语言经验，并与民族生活和文化实践所面临的问题发生关联，在此基础上才能实现文化与语言由公共转变为个人，由客观转变为主观。

语文教育发展史证明，语文教科书外国翻译作品选文建设是课堂上外国作品教学的根本，也是保证母语教育质量的前提。经过时代、地域的淘洗和学界认可，这些经典作品蕴藏异域文化的精魂，饱含醇厚的人性，辐射作者沛然的情思，呈现出历久弥新的语言感染力。外国翻译作品选文是语文素养的重要载体，也是

---

① 即《卖火柴的小女孩》。当时翻译为《卖火柴的女儿》。

语文教科书外国翻译作品编写的关键，有了这些选文，语文知识、多元文化、言语表达便锚定在言语情境之中，语文的知识学习、文化理解、言语习得便更加具体化、背景化、活泼化、可感化。学生通过阅读这些选文，打开世界文化瑰宝之门，充实和完善民族精神，完成从自然人向社会人的转变，也正是在外国翻译作品选文的学习中，学生自觉"汲纳"异域作家的鲜活语词、灵动句式和个性风格，在丰富语料积累的基础上探索着自我表现和个性所创生的具有活力的母语表达。

第四节　本书结构

本书书名中，"教科书外国翻译作品研究"暗含着本研究的领域为课程与教学论领域，关注理念课程（教育思潮）、文件课程1（课程标准）、文件课程2（教科书）、实施课程（课堂教学）之间的课程转换。"民国初期"，时间跨度为1912~1928年，这一时期分为两个阶段，即第一阶段（1912~1919）实利主义教育思潮时期、第二阶段（1920~1928）审美教育思潮时期。"中学"特指初中，1912~1921年，这一时期学制仿照日本的分期，小学分为初小、高小两部分，初小四年，高小三年。中学不分初高中，学习时间为四年。1922~1949年，这一时期学制开始学习美国的分期制，小学分为初小、高小两部分，初小四年，高小二年。中学学习时间增加为六年，开始分为初中、高中两部分，其中初中三年。"外国翻译作品"，最简单的理解便是教科书中的外国翻译作品，它是译作经过教科书编者选入并加工，被赋予教学价值并以教科书为载体进行传播教育的文本样式。在本研究中，外国翻译作品选文包括外国翻译文学选文与外国翻译非文学选文两大类。全书围绕"追本溯源""宏大叙事""洞幽知微""研究教学"四个方面展开。

"追本溯源"，就是要抓住外国翻译作品和外国翻译文学首次入选中学国文教科书的关键事件，不仅呈现首次编选时教科书外国翻译作品及文学的面貌，还力图勾勒面貌背后的发生动因。正是在"本源"的基础上，民国初期中学国文教科书外国翻译作品及文学才不断地发展与壮大。

"宏大叙事"，就是要对这一时期中学国文教科书外国翻译作品展开整体的扫描，同时也能刻画出当时各个出版社所编教科书中外国翻译作品的多元丰富面貌，并能够讨论教育思潮、课程文件等外部因素与教科书选文的互动关系。

"洞幽知微"，便是要从选文内部观察其如何从社会文本转变为教学文本，本研究撷取凡尔纳的冒险小说《十五小豪杰》、爱罗先珂的童话《鱼的悲哀》、安徒生的散文《堡寨上的风景》为个案，从选文编制细部观察其如何从社会文本转变为教学文本。民国的教科书编者皆非选文理论思辨家或严密体系构建者，他们多是选文编写的实践家，因此本研究将着力在细部感受其文字加工处理中的实践智慧及其编选理念。

"研究教学",则是以"育人"为核心旨归,阐释社会文化是如何通过教科书选文及研究最终介入学生的个人生活,并成为其生命成长的持续影响因素的。在这一部分中,本研究将借助文本语言重回民国初期的中学外国作品教学课堂,感受教师卓越的教学探索。在师生的努力下,经由外国文学文本的阅读、讲解和接受,培养了学生的母语表达能力和母语创作能力,获得审美愉悦,丰富情感体验,提高文化素养,甚至将会塑造新青年人格、发展民族精神、改变中国人的精神面貌、提升中华民族文化软实力。从研究来看,这一时期外国文学教育研究聚焦外国翻译文学入选中学国文教科书的意义探讨上,并形成较为丰富的成果,也加深了对教科书选入的外国翻译文学的认识。

本研究的章节之间内含着较为严密的逻辑关系。第一章的"追本溯源"与"宏大叙事""洞幽知微""研究教学"之间构成了"源"与"流"的关系。"追本溯源"是开端。"宏大叙事"与"洞幽知微"是发展,"宏大叙事"关注"教育思潮""课程文件""教科书编者"的互动下外国翻译作品的"编选","洞幽知微"聚焦教科书编者对已经编选的作品如何开展专业的加工,正是经由"编选"和"加工",外国翻译作品由社会文本转变为教学文本。"研究教学"是对已经编选和加工后的作品开展教学和研究,正是基于教学和研究,最终实现了教科书的育人功能。

第一章 追本溯源

中学国文教科书外国翻译作品及文学的发生

中国近现代历史，不乏刀光剑影的战争风云、波诡云谲的政治博弈、出生入死的革命活动，这些都是深刻推动中国历史进程的大事件。与之相比，中学语文教科书选入外国翻译作品及文学，实在是一件微不足道的小事。但是从文化、教育、编辑等领域来看，外国翻译作品及文学从"蛮夷文本"成为"龙的传人"的学习内容，却是一件有着丰富意涵的事件。特别是随着战争和革命告一段落，教育、文化越加为社会所重视，教科书选文作为文化、教育的重要载体，理应得到学界的关注。

当前，语文教科书是否西化，从网友讨论到出版社回应，最终诸多媒体展开评论，其背后是对语文教科书编写的关心。在诸多讨论中，鲜有从历史视角重新透视外国翻译作品何以被选入中学语文教科书这一问题。为了更好地探究这一问题，我们重新聚焦外国翻译作品及文学首次选入中学语文教科书这一关键事件。在历史的回眸中，重新回溯外国翻译作品及选文作为教科书选文史的重要组成部分，重新感悟清末与民国时期国文教科书选文编写处于内忧外患的近代中国走向现代化的进程之中的历史。"国文"概念的出现，是在传统与现代、东方与西方的现代转换中国家意识萌发的直接表现。教科书选文就像一个社会的理想寄托，凝聚了一个民族母语的文化特质，不论是国家权力机构还是知识精英阶层，都力图通过这种形式塑造理想国民，利用优秀选文提升语文素养，培育道德萌芽；同时，现代作品、外国翻译作品被选入中学国文教科书，这也最真实、深刻地释放着这个民族母语的文化张力，研究者在选文编制的文化张力中感受其开放性的眼光。

当时众多语文教育家参与选文编写，这些编者包括林纾、刘师培、陆费逵、何仲英、洪北平、范祥善、吴研因、周予同、胡适、王岫庐、朱经农、顾颉刚、叶绍钧、孙俍工、沈仲九、黎锦熙等人；众多出版社也投身其中，商务印书馆、中华书局、开明书店、世界书局等出版社积极参与，最终留下了丰富且文质兼美的外国翻译作品及选文的内涵文本。

第一节　外国翻译作品入选中学语文教科书寻根

1913年中华书局出版的《国文教科书》首次选入了《克虏伯》《微菌》等作品，这些入选的外国翻译作品多为辑译与改写后的短文，而且教科书编者并未明确标注作品的外国作者与译者，严格来说它们并不是真正的外国翻译作品，但是中学国文教科书引进西方文化确实是从选入这些编译后的西方知识短文开始的。我们将借助课程理论进行分析，外国翻译作品入选初中国文教科书，其实是一次课程转换的过程。所谓课程转换，即外国翻译作品入选教科书需经教科书编者对课程标准的感知、理解，之后开始实施编写。它包括两个过程，首先从理念课程（教育思潮、教育宗旨）转变为文件课程1（课程文件），然后编者通过自己对文件课程1（课程文件）感知、理解、实施编写成文件课程2（教科书外国翻译作品）。在课程转换理论基础上，我们可以从教育思潮、课程标准、教科书编者感知三个维度来对《国文教科书》（潘武，1913）入选外国翻译作品这一教育现象进行因素分析。

一　教育思潮：实利主义教育思潮高涨

1911年辛亥革命后，民国初立，政制更新。政治体制变化，带来教育界重新反思晚清政府教育宗旨"忠君、尊孔、尚公、尚武、尚实"，认为其宗旨不过是"培养忠君的奴隶"（《敬告教育部》），在反思基础上民初教育界也试图建构与"共和国家""国民"相符并能反映新兴资产阶级要求的教育宗旨，即"注重道德（公民道德）教育，以实利教育、军国民教育辅之，更以美感教育完成其道德"。

民初四项教育宗旨中，最突出的便是实利主义教育，从清末教育宗旨尾部位置一跃占据第二的重要位次。实利主义教育，便是通常所说的"智育"[①]，目的是要发展资产阶级参与生

[①] 蔡元培认为"在教育层面，军国民主义属于体育，实利主义为智育，公民道德和美育皆属于德育"。参考蔡元培《对于教育方针之意见》，陈元晖主编《中国近代教育史资料汇编学制演变》，上海教育出版社，2007，第618页。

产所需的知识技能，促进国民经济发展，最终实现富国强兵的目标。重视实利教育也反映了新获政权的共和政府的责任与担当，作为资产阶级生产力代表，他们需要建设富强国家、解决百姓疾苦。

民初教育宗旨重视实利教育，这和当时实利主义教育思潮发展有关，其中陆费逵的倡导最为有力，论述较为完备。1912年他发表《民国教育方针当采实利主义》一文，对蔡元培注重世界观教育、道德教育的观念提出商榷，从国家、个人"智识"（知识）、个人道德层面详细阐述实利教育的重要性和必要性。实利教育，并不仅仅是解除个人的贫困，对于国家来说可以在增长财力的基础上"增进国力，高尚人格"；对于个人便要通过教育使之获得"智识"（知识）和谋生的技能来"自食其力"；对于道德教育则通过实业、手工、图画来培养人"勤俭、耐劳、自立、自营"[①] 的内在精神。

作为中华书局创办人和教科书重要编者，陆费逵对实利主义的推崇，对于日后由其创办的中华书局出版的《国文教科书》（1913）产生了重要的影响。此套教科书共前、后两编，每编分上、下两卷。前、后两编的下卷基本上都入选外国知识翻译作品选文，编者在前、后编下卷以韵文的文学形式来表述其编选理由，"文以载道，辞取达意，诉合名理，动切时势，智识之敷，

---

① 吕达主编《陆费逵教育论著选》，人民教育出版社，2000，第118~121页。

科学之邮，无浅非深，追源溯流，纂智识卷下"，①"为学之道，最重常识，不丰学业，何益？读本所载，外史零拾，汇而辑之，鱼鳞萃集，纂智识卷下"②（重点号为笔者所加）。在这里，"智识"和实利主义教育侧重的"智育"是相通的。

二 课程标准：课程目标及内容转变，为其他选文（包括外国作品）进入提供可能

从清末到民初，封建君主专制的推翻，共和国家的成立，政治体制的革新呼唤着教育的转型。1912年颁布的《中学校令施行规则》第三条"国文要旨"就充分体现了教育转型下国文课程从目标到内容的改变。

从课程目标来看，之前清末《奏定学堂章程》（1904）是要通过读经书写应仕文来培养忠君应世的仕人，而"国文要旨"则要通过学生读写普通文来培养共和国应世的国民。从课程目标对国文工具性要求来看，这一时期不再读写经书，而开始读写普通文，"通解普通语言文字，能自由发表思想，并使略解高深文字"③；从课程标准对国文育人要求来看，育人就是要培养能够

---

① 潘武评辑《国文教科书·前编》，戴克敦等审阅，中华书局（上海），1914，第103页。
② 潘武评辑《国文教科书·后编》，戴克敦等审阅，中华书局（上海），1914，第107页。
③ 何慧君、姚富根编《20世纪中国中小学课程标准·教学大纲汇编·语文卷》，人民教育出版社，2001，第272页。

应世的共和国国民。与工具性目标相对,民初"国文要旨"中育人目标更丰富,"涵养文学之兴趣"是体现美感教育,"启发人的智德"是要对学生进行实利教育和道德教育,通过国文教育就是要培养智、德、美兼备的共和国国民。总的说来,从晚清到民初,国文教育目标发生了变化,新教育目标中工具性和育人观的转变,必然带来国文教育内容乃至选文的变化,客观上为外国翻译作品的进入提供了契机。

从课程内容来看,经学式微,普通文登场,为其他选文(外国翻译作品)进入腾出空间。经学式微,这类选文的发展轨迹与政治体制的转变相关。在传统的封建制度中,经学作为巩固帝王统治之学,其本质并不在学术,而是"宗教的,尤其是政治的"①。随着帝国体制土崩瓦解,经学也失去了政治制度的保障,民初"国文要旨"删去经学教育内容,也是与辛亥革命后民国政府成立的背景相合。民初教育目标专为培养共和国国民,教育内容更需要培养公民意识的"普通语言文字",而不是培养君臣意识的经学四部;教育需要浅显易懂、易于教育普及的普通语言文字,而非通过"强为之说"的解经才能读懂的经学四部。经学式微,普通文登场,客观上为其他选文进入国文教科书提供了可能性。随着读经、讲经的取消,为大量合于日常生活需要的文章进入国文课程腾出空间,因此这一时

---

① 周予同:《经学和经学史》,上海人民出版社,2012,第84页。

期讲读的选文开始选入与生活相关、时代相近的文章，并且加强了作文、习字与日常应用有关的教学内容，这些文章主要涉及近世文、近古文，而翻译国外的知识类文章便有了进入教科书的可能。

总的说来，就民初课程文件规定来看，民初"国文要旨"的意义在于：第一，国文学科受到实利教育、美感教育、道德教育等思潮影响，参与构建共和国国民的建设之中。第二，废除读经、讲经，普通文的提倡，为合于日常生活的文章（包括外国翻译作品）进入课程内容腾出了空间。第三，普通文应启发学生智德，涵养文学兴趣，部分教育内容并非传统中国学问所固有，为外国翻译作品进入教科书提供可能性。

三 编者的感知：其编辑团队的喜好及书局定位直接造成外国翻译作品选文进入

《国文教科书》率先入选外国翻译作品，也与当时编者队伍兴趣偏好相关。参与编写这套教科书的共有四位成员，由嘉定人潘武评辑，戴克敦、姚汉章、陆费逵审阅。潘武"评辑"，就是编选进入教科书的文本或是"近今普通国文教科书中所有"，或是"为学校中教师所尝选授学生者"[①]。戴克敦、姚汉章、陆费逵审阅，审阅者其实就是国文教科书编写的把关人，教科书编者

---

① 潘武评辑《国文教科书前编》，戴克敦等审阅，中华书局（上海），序2。

要体现审阅者的国文教育理念，只有这样教科书才能最终成立。这套教科书编写过程中，审阅者陆费逵的教科书编辑理念、教育理念起到重要作用。他不仅是教科书编辑家，还是教育家，陆费逵们有着自己对教育的执着。对于自己从事出版的原因，陆费逵认为"社会非有教育、有风纪不能有为"，"努力工作，仅从旁赞助革命"①，从侧面可以看出他对辛亥革命的认同。对民初的教育，陆费逵有自己的理解，他认为民初应提倡国民教育，尤其是实利主义教育。在《民国普通学制议》一文中，他以教育人的眼光认为清末"偏重经学，轻视国文"，他设计了培养共和国民的国文教学方案，普通文、历史地理国文科材料、古雅文、各种文体文章等材料进入了国文科②。在高小教科书《新制中华国文教科书》编辑大意中，陆费逵就明确了初等国文不仅是教授文字，还需要教授给学生普通知识。这些普通知识包括修身、历史、地理、理科、实业、人事、游戏、国民知识、世界知识等多个方面。他对于教科书的关注由来已久，从文明书局、商务印书馆工作开始就注重教科书编写、《教育杂志》发行、商务师范函授学社讲义部的建设。正是在陆费逵等审阅者的把关之下，《国

---

① 吕达主编《陆费逵教育论著选》，人民教育出版社，2000，第385页。
② 在陆费逵对于国文科课程表的设计中，我们可以看到：初小一、二学年学习"普通文字之读法、作文、习字"，三、四学年在此基础上增加"历史、地理及国民科材料"，高小四学年则在初小基础上，从读写普通文开始到读写古雅之文，中等教育则要读写各种文体文字并且要学习文学史。见陆费逵《民国普通学制议》，《教育杂志》1912年第10期，第4~13页。

文教科书》（潘武，1913）选入了大量与西方国民知识、世界知识等相关的论说文章，并且有大量的外国翻译作品与高小使用的《新制中华国文教科书》（郭成爽等编，陆费逵等审阅，1913）中的篇目重合。仅仅以该套教科书前编下卷前两篇选文为例，第1课《国家》对应的是《新制中华国文教科书》（郭成爽等编，陆费逵等审阅，1913）第5册第1课《国家》，第2课《社会》则对应的是《新制中华国文教科书》第8册第1课《社会》，《国文教科书》（潘武，1913）中外国翻译作品辑译自《新制中华国文教科书》（陆费逵，1912）这样的例子不胜枚举，从侧面证明潘武在选文编选上受到陆费逵编影响之大。

教科书编者的感知理解，不仅受到自身教育理念、个人喜好等影响，还受到其所在出版社意识形态的限制。这套选文新颖的民国教科书与这一时期陆费逵所创办的中华书局的先锋性相一致。民初中华书局教科书出版发行的壮大与其准确把握共和革命成功后教科书发展方向有关，与老牌的教科书出版社商务印书馆相比，它具有更加敏锐的政治眼光。蒋维乔曾经回顾当时商务印书馆因为政治上保守而错失民初教科书发展良机。当时商务印书馆中有远见的同事，曾经劝张元济"应预备一套通用于革命后之教科书"，无奈当时张元济有保皇党的倾向，"提及革命，总是摇首"，他认为"革命必不能成功，教科书不必改"[1]。在这

---

[1] 叶再生：《中国近代现代出版通史·第2卷》，华文出版社，2002，第360页。

时，同是担任商务印书馆编辑一职的陆费逵开始组织创办中华书局，并且预备了适合新共和国所需的小学教科书。中华书局始建于1912年，伴随着辛亥革命民国共和政府而建立，其出版宗旨为"（一）养成中华共和国国民；（二）并采人道主义、政治主义、军国主义；（三）注意实际教育；（四）融合国粹欧化"。总的说来，在出版宗旨上已经含有育人的思想，通过政治教育、军国民教育、实利主义教育来培养共和国国民。对于出版的内容也开始注意到国粹和外国翻译作品的并重。书局宗旨是中华书局对于自己的发展定位，书局未来的发展则专注在教育领域教科书编写上，新的教科书应该是对于旧有教科书的一次革命，"立国根本在乎教育，教育根本实在教科书。教育不革命，国基终无由巩固；教科书不革命，教育目的终不能达也"①。

正是由于中华书局的办社定位及教科书编者陆费逵们对教育的理解，以及时代的变迁，民初社会性质从封建转变为民主共和，带来了教育观、知识观的改变。就国文教育领域而言，传统国文学习中，经史子集的忠君道德光环变得暗淡，符合民主共和理念、资产阶级发展所需要的知识开始纳入国文学习视野。这些因素汇聚使得外国翻译作品成为中学国文教科书重要组成部分。

---

① 宋原放主编《中国出版史料（近代部分）·第3卷》，湖北教育出版社、山东教育出版社，2004，第159页。

四 结语

通过回溯外国翻译作品首次被选入中学语文教科书这一关键事件，我们不难看出外国翻译作品选入中学语文教科书是由社会情境、教育需要、教科书编者偏好等多种因素推动的。就社会情境来看，辛亥革命、塑造共和国国民的需要对外国翻译作品的选入具有促进作用；从教育需要来看，实利教育、审美教育的提倡需要开发新的课程内容，经学式微，普通文登场，并且选文要启发学生智德，蕴含西方经济和政治的外国翻译作品无疑适应了需要；就教科书编者偏好来看，这些编者有着启蒙的思想、开放的心态，关注的选文多涉及资产阶级参与生产所需的知识技能及其生活所需的政体知识，以最终实现富国强兵的目标。通过这些选文，他们试图开阔学生视野，汲取人类优秀文化成果来培养新人，也正是这些因素使得外国翻译作品最终进入《国文教科书》。潘武、陆费逵、戴克敦、姚汉章构建的中华书局教科书编辑团队才选入了大量的外国"智识"（知识）翻译作品。这基于他们对于课标的独特诠释，他们认为选文应该"诉合名理，动切时势""智识之薮，科学之邮"[①]"读本所载，外史零拾，汇而辑之"[②]。

[①] 潘武评辑《国文教科书前编》，戴克敦等审阅，中华书局（上海），1914，第103页。

[②] 潘武评辑《国文教科书后编》，戴克敦等审阅，中华书局（上海），1914，第107页。

不难看出，编者选入了大量辑录翻译的"智识"（知识）选文，这些选文的文体形式大多为论说。这套教科书每编分上、下两卷。前、后两编的下卷基本上都选入外国知识翻译作品选文（共计51篇）。以后编下卷为例，选入的外国翻译作品分别为：《国家》《社会》《国体之别》《政体之别》《共和政治》《国会》《宪法》《法律》《共和国民之责任》《共和国民之自治》《地方自治》《英国宪法之由来》《法兰西之革命》《葡萄牙之革命》《路德》《华盛顿之轶事》《克虏伯》《孙唐》《英国人之品性》《西国余谈》《利用天然力》《汽机》《波士顿报》《博物院》《微菌》。

第二节　《国文教科书》中外国翻译作品评述

1913年，《国文教科书》由中华书局出版，经潘武评辑，戴克敦、姚汉章、陆费逵等审阅，并且首次选入了外国翻译作品。教科书共前、后两编，每编分上、下两卷。前、后两编的下卷基本上都选入外国知识翻译作品选文（共计51篇），编者对每篇选文都有点评，并且对于学生需要掌握的文法及注音在文后都有标记。

从外国翻译作品的选入来看，这套教科书的确是开风气之先。一方面，选文具有先锋性；另一方面，教科书编者并未明确作品的外国作者与译者，严格地说它们并不是真正的外国翻译作品，但中学国文教科书引进西方文化确实是从选入这些编译后的西方知识短文开始的。编者在前、后编下卷以韵文的形式表述其编选理由："文以载道，辞取达意，诉合名理，动切时势，智识之薮，科学之邮，无浅非深，追源溯流，纂智识卷下"①，"为学之道，最重常识，不丰学业，何益？读本所载，外史零拾，汇而辑之，鱼鳞萃集，纂智识卷下"②（重点号为笔者所加）。结合编选说明，我们可以从内容、形式两个层面来分析这套教科书中外国翻译作品的特点。

一 "西艺""西政"翻译作品选文成为教科书内容的重要组成部分

这套教科书中外国翻译作品选文主要涉及时局介绍（"动切时势"）、当时的科学知识（"科学之邮"）、人们应当了解的常识、国外的历史知识（"外史零拾"），等等。具体而言，便是与民主共和相关的政治常识、科学常识、现代伦理精神相关的知识、商品经济知识、文明生活方式知识五个部分。

政治常识部分，辛亥革命成功后，共和国家新建，选文主要向学生们普及资产阶级共和国有关知识。这些知识有向中学生介绍现代共和国家的政治制度，从民主国家出发介绍国体、政体，

---

① 潘武评辑《国文教科书·前编》，戴克敦等审阅，中华书局（上海），1914，第103页。
② 潘武评辑《国文教科书·后编》，戴克敦等审阅，中华书局（上海），1914，第107页。

同时也介绍其行政、司法机构的，如《国家》《社会》《国体之别》《政体之别》《共和政治》《国会》《宪法》《法律》；引导民众履行责任同时也享受自治权利的，如《共和国民之责任》《共和国民之自治》《地方自治》；也有通过域外共和国革命进一步证明辛亥共和革命合法性的，如《英国宪法之由来》《法兰西之革命》《葡萄牙之革命》。在政治常识的介绍中，编者甚至将现代政治常识与中国古代政治认识进行对比，如《国家》开头部分：

  古今迥殊。古代交通不便。山海阻塞。人民蛰居邦土。所见未广。以为天地之大。不出四境。习虚恔之风。长惰慢之气。一旦有强者出。举兵乘之。如飘风振落叶耳故。当时所谓国家。兴也勃焉。而亡也忽焉。迄乎近世。途径既开。交通大繁。异种殊俗。相与接壤。先觉之民。知四境之外。天地之宽。己国与人国实处于对等之地。乃以争存之故。守不可逾越之疆土。以利害相蒙之故。订双方共守之条约。而国家之基础始固。[1]

  ——《国家》(《国文教科书》, 1913)

选文中，古代交通不便，国家只需要对内，于是产生"天

---

[1] 潘武评辑《国文教科书·前编》，戴克敦等审阅，中华书局（上海），1914，第104页。

下"的观念。人民如井底之蛙,也往往惰慢,国家则是一盘散沙,不堪外敌入侵。现代随着交通"大繁",东西文化碰撞,国家需要对外,由人民集合而产生民族国家的概念。正如列文森在谈到近代中国思想演变时所言,"近代中国思想史的大部分时期"正经历着"从'天下'成为'国家'"的转变过程①。在现代民族国家观念产生的同时,也设置了新的"世界"与"中国"的等级差别的想象,即世界是竞争的,中国是惰慢的。在这种西方文明与中国落后的等级化想象中,也包含着对于中国未来发展的一种忧虑——"如飘风振落叶耳"。编者一边对古代国家政治常识进行否定,一边开始介绍域外西方的国家政治常识。在西方政治常识中,还包括西方共和革命,以选文《英国宪法之由来》的开篇为例:"英国者,世界宪法之母国也,其所以造成此宪法者,彼国人恒以不流血之革命,夸耀于世。然按其实际,固亦中更多故。显有次第可寻。"②

除介绍政治常识外,编者还向学生普及西方商品经济、科技、西方历史文化等常识。这些经济常识不再是传统中国的重农抑商,而是让学生懂得现代商品经济常识。选文不仅有介绍发展商品经济意义的,如《主权》《国债》《实业之关系》等;还有

---

① 〔美〕约瑟夫·R. 列文森:《儒教中国及其现代命运》,郑大华、任菁译,中国社会科学出版社,2000,第87页。
② 潘武评辑《国文教科书·前编》,戴克敦等审阅,中华书局(上海),1914,第129页。

介绍金融知识、金融法规及现代企业制度的，如《圆法》《纸币》《贸易》《专利》《托拉斯》；还有通过介绍金融界人物来更新学生财富观念的，如《洛克菲兰》；甚至有直接以一些国家富国强民为例激励国人的，如《南洋诸岛致富强说》《欧洲诸国导民生财说》《欧洲诸国为民理财说》。科技方面，不仅有介绍现代科技的，如《利用天然力》《汽机》等；还有介绍现代科技下时间、空间改变的，如《历》《铁路之关系》《世界之航路》；更有介绍现代传媒及文化设施的，如《波士顿报》等。现代生活方式方面，有关注周边环境健康的，如《微菌》；还有希望国人强身健体的，如《孙唐》。此外，对于西方历史、地理、文化的介绍更丰富多彩。编者选取了大量东西方名人，如路德、华盛顿等；也选取了关于地理航行的材料，如《世界之航路》《环游世界》《喜马拉雅旅行》《苏伊士运河》《巴拿马运河》《夜半日出处之游观》；同时还有介绍国外文化的，如《埃及》《波兰》《英国人之品性》；另外还有介绍西方文化机构的，如《博物院》。

总的说来，该套教科书外国翻译作品选文的主题内容与资产阶级共和国成立的时代语境相一致，虽采用文言语体，但部分词语已开始接近现在的白话语体，如上述的《国家》一文中"古代交通不便"的使用。

二 外国国民知识翻译作品选文以论说为主，兼及叙事

前、后两编下卷均以"智识卷"为名，不难看出 51 篇外国

作品都与国民智识（知识）有关。编者在文后进行点评，对每篇文体进行解说。51篇外国翻译作品从文体上分为论说、叙述、叙事、传记、写景、记物、游记、记言8种，通过统计，可以看出各种文体所占的比重，如图1所示。

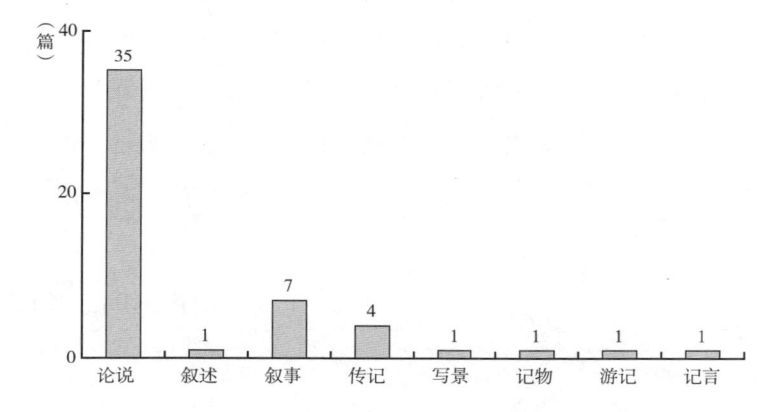

图2-1 《国文教科书》（1913）外国翻译作品文体篇目数

资料来源：潘武评辑《国文教科书·前编·下卷》，中华书局，1914，第103~166页；潘武评辑《国文教科书·后编·下卷》，中华书局，1914，第107~179页。

从图2-1可看出，论说文体选文书目共35篇，叙事选文7篇紧随其后，叙述、传记等也可归为叙事一类。总的说来，论说、叙事是外国"智识"（知识）翻译作品选文的主要文体。

对于论说文、叙事文，编者在每篇选文后以批语形式对其进行点评，目的在于使学生掌握文章规范，为学生写作服务。以

《国债》一文为例,编者作了如下批语。

> 此为论说文。先说泰西国债之巨;次说国债由议院主持;再次说借国债之原因,大别为不得已有所为两途;再次说泰西集债之所以易;再次论国债既借,无甚弊害,并说明为国内国债;次论外国国债,非万不得已,必不可借,并以国内国债,比较其害;末以近人议论作结,而力辟其谬,即含有外国国债,万不可借意。全篇参用叙事兼论断论辩之法。①
>
> ——《国债》(《国文教科书》,1913)

从教科书编者批语来看,外国翻译作品选文具有严密的逻辑、严谨的结构、透彻完备的说理。一方面,作品论说形式与政治宣传诉求相互联系,文质上有其统一性;另一方面,论说文体现了西方民主政治思想及理性的逻辑思维方式,客观上促使论说文与文学文分离,对国人朴实严密的言语表达产生了重要影响。

论说文、叙事文对国文发展的促进作用不仅体现在严谨的文章结构方面,对语言词汇、语法结构、语体风格都有积极作用。以教科书上编最后一课《微菌》为例。

---

① 潘武评辑《国文教科书·后编》,戴克敦等审阅,中华书局(上海),1914,第114页。

故地球之上。无处无微菌。而灰垢污水。及腐败物中为尤多。其寄生于人体中者。至为可怖。如霍乱、伤寒、白喉、鼠疫、赤痢、肺痨诸危症。皆由种种微菌所致。故实为人类社会之大敌。然人体健康。则菌不能生。即侵入亦死灭而不能逞。故人必以慎重卫生保全健康为惟一要图。[1]

——《微菌》(《国文教科书》,1913)

纵观上述节选片段,我们不难发现民初论说文在语言方面的一些特点。第一,吸收了大量来自西方的新名词。这些新名词主要是关于西方科学知识的学术术语,如"地球""微菌""霍乱""伤寒""白喉""鼠疫""赤痢""肺痨"等,同时也包括现代西方的核心概念,如"人类""社会""健康""卫生"等。这些新名词背后所体现的,是编者对现代文明生活方式的提倡,以建构"强种"的共和国国民。第二,欧化的语法以及逻辑关系词的运用,使国文的语言表达更为精密。西方语法与传统语法有诸多不同,西洋语法注重形合,关注语法的完整性,有着完整的语法形式,如"人必以慎重卫生保全健康为惟一要图"。同时在句子与句子之间使用表现逻辑关系的词语,使得语言表述更加严密,例如:"故实为人类社会之大敌。然人体健康。则菌不能

---

[1] 潘武评辑《国文教科书·前编》,戴克敦等审阅,中华书局(上海),1914,第164页。

生。即侵入亦死灭而不能逞。故人必以慎重卫生保全健康为惟一要图。"在这一个片段中,就使用了"故""然""则""即"等多个连词。

这些新名词、新语法通过翻译,从异域来到中国,通过教科书的传播,又从精英阶层走向民间。语言的更新不仅提供了新的概念,还给以民初国民相关的知识、信仰、观念、思想,"卫生""民族""世界"等词语也使得人们思考问题的方式发生改变。

三 结论

1913年,《国文教科书》选入外国翻译作品,其本质是在时代文化语境下教科书编者对教育思潮感知理解后的产物,属于编者感知课程的范畴。这里面至少有多个要素对教科书中外国翻译作品入选产生作用。

其一,文化语境。1911年,辛亥革命颠覆了封建君主专制,国家开始走向共和。民间风尚随着封建经济转向资产阶级经济,现代都市兴起,沿海口岸开始吹起崇洋风尚,重视物质,讲究实用,趋于新潮,崇拜西洋。时代文化语境的演变必然在教科书选文上有所体现,也呼唤着教科书选文的吐故纳新。

其二,教育思潮、课程标准的影响。教科书的编写往往受到教育思潮影响、课程标准的指导,这一时期实利主义教育思潮开始盛行,"国文要旨"(1913)中透露出国文教育的转型。

民初教育目标从清末培养忠君应世的仕人转变为能读写普通文的共和国应世国民；课程内容上，传统经学式微，普通文登场，为其他选文（外国翻译作品）进入腾出空间；具体到普通文层面，需要启发智德，涵养文学兴趣，为外国翻译作品进入提供了可能。

其三，编者的理解感知。正因为教科书编者对于教育思潮的感知理解，才使得外国翻译作品被教科书所接纳。参与这套教科书编写的共有四位人士，由嘉定人潘武评辑，戴克敦、姚汉章、陆费逵审阅。陆费逵是中华书局的创始人，同时也是这套教科书编写的把关人，教科书要体现审阅者的国文教育理念，才能最终成立。对于革命与教科书编写的关系，陆费逵认为"努力工作，仅从旁赞助革命"①，从中不难看出他对辛亥革命的支持；对于智识教育的重要性，他在《民国普通学制议》一文中表示提倡，并且在《新制中华国文教科书》编写中选入大量与共和国国民常识有关的选文；对于欧化文与培养共和国民的关系，他在1912年创办中华书局时的出版宗旨中就有着深刻的思考："（一）养成中华共和国国民；（二）并采人道主义、政治主义、军国主义；（三）注意实际教育；（四）融合国粹欧化"②。

---

① 吕达主编《陆费逵教育论著选》，人民教育出版社，2000，第385页。
② 宋原放主编《中国出版史料（近代部分）·第3卷》，湖北教育出版社、山东教育出版社，2004，第159页。

第三节　外国翻译文学选入中学语文教科书溯源

　　1920年商务印书馆出版的《白话文范》（洪北平、何仲英）初次选入7篇外国翻译文学作品，通过对这一历史事件的分析回顾影响外国翻译文学入选教科书的诸多因素。我们将借助课程理论进行分析，外国翻译作品入选初中国文教科书，其实是一次课程转换的过程。所谓课程转换，即外国翻译作品入选教科书需经教科书编者对课程标准的感知、理解，之后开始实施编写。它包括两个过程，首先从理念课程（教育思潮、教育宗旨）转变为文件课程1（课程文件），然后编者通过自己对文件课程1（课程文件）感知、理解、实施编写成文件课程2（教科书外国翻译作品）。在课程转换理论基础上，我们结合《白话文范》教科书编写与出版于《初级中学国语课程纲要》（1923）颁布之前的事实，可以从教育思潮、白话文学运动、教科书编者感知三个维度来对《白话文范》（洪北平等，1920）选入外国翻译文学作品这一教育现象进行因素分析。

　　一　审美教育思潮的发展，促进外国翻译作品进入初中国文教科书

　　1919年五四运动是一次新文化的启蒙运动。所谓文化启蒙就是通过新文化去除蒙昧，使人觉悟。与清末注重器物、政法的科学启蒙与社会启蒙不同，五四文化启蒙建构了一套"科学""民主""共和""平等"的文化知识系统，在语言上表现为追求更为明晰的语言表达方式，在文学上则是推崇白话文学、白话翻译文学。同时，文化启蒙也为审美教育思潮发展提供了生长的土壤。

审美教育经过王国维的提倡，蔡元培的努力，在前期孕育基础上，在文化启蒙、新文化运动语境下，获得了更加迅速的发展。新文化运动最大特征便是"怀疑"，人们开始怀疑旧文化，猛烈抨击以儒家伦理为基础的传统文化，热烈地拥抱新思想。在这样的时代思潮鼓动下，美感教育作为源自西方的思潮受到拥护。但它在一般教育界的普及，还与"李石岑底提倡与《教育杂志》底发行力"[①] 分不开。李石岑作为商务印书馆的编辑，当时担任《教育杂志》的主编工作，可以说审美教育借助现代杂志传播了思想，同时也扩大了影响，获得了迅速的发展。

除了时代思潮、杂志媒体作用外，"一战"结束后人们对战争的反思也间接推动了审美教育思潮的展开。战争结束后的时代语境也促使教育界重新审视民初（1912）颁布的四项教育宗旨中"道德教育""实利教育""军国民教育"的合理性。"军国民教育"与"一战"后追求世界和平的趋势不合，"欧战终了

---

① 舒新城：《舒新城近代中国教育思想史》，吉林人民出版社，2013，第126~129页。

后,军国民教育一节与世界潮流容有未合";"道德教育"则与中国战乱频仍、军阀混战、派系之间明争暗斗的国内现状不符,"民国成立以来,祸患迭乘,究其原因,实由国民缺乏共和精神所致"①;即便"实利教育"也与杀戮存在某种联系,人们认为过去只是注重"物质科学之功而建设"才会有"今亦以其力而破坏之",过去过于强调"物质科学之功以养人",才会导致"今亦以其力而杀人"②。在对"道德教育""实利教育""军国民教育"反思的基础上,"美感教育"因为其无功利性而受到重视。

总的说来,在欧战后文化启蒙背景下,凭借美感教育自身的非功利性、蔡元培政治上的推动、《教育杂志》等杂志的传播、文化启蒙时代思潮激荡,美感教育从文化启蒙前个别觉醒知识分子的摇旗呐喊转变为真正影响着现实教育活动。审美教育成为一股热潮,商业性质的出版社最先闻风而动,率先将作为审美教育载体的外国翻译文学作品选入了中学国文教科书。

二 初中国文教科书入选外国作品,搭了教育普及、白话文发展、新文学推广便车

民众教育、普及教育就是要让不同层次的社会民众都可接受

---

① 朱有瓛主编《中国近代学制史料·第3辑·上》,华东师范大学出版社,1990,第107页。
② 蒋梦麟:《欧战后世界之思想与教育》,《教育杂志》1918年第5期,第69~72页。

教育。在清朝末年，通过民众教育来启迪民智、实现国富民强、拯救国难成为时代的迫切要求。这一时期，报馆、图书馆等民众教育机关开始设立，演说和宣讲开始出现①，各式各样的白话报纸开始发行，民众阶层通过报刊上的白话作品了解时事②。需要注意的是，清末民众教育仅仅面对的是"引车卖浆"之流，白话文也未登"文人学士"大雅之堂。中学教育作为培养精英人才的重要方式③，未来社会精英们在中学国文学科仍需通过学习雅正古文来成为经世致用的官绅。新文化运动发生后，科学民主观念盛行，民主观念体现在教育上便是要实行普及教育，国文教育中白话、白话文学习对象不再是"引车卖浆"之流而是全体民众。这一时期，教育理想并不是为了"培养一二伟大杰出的人才"，而更加注重培育"健全精壮的各个分子"，要使他们"有益于社会、有益于民族、有益于全人类"④。普及教育，具体到初中国文教育便是课程名称从"读经讲经""中国文学"到"国语"，语言文字从文言转为白话，文学从文言杂文学转变为

---

① 孟昭常：《教育：广设公民学堂议》，《东方杂志》1907年第2期，第1~6页。陆尔奎：《论普及教育宜先注重宣讲》，《教育杂志》1909年第1期，第1~4页。周家纯：《说夜学校》，《教育杂志》1909年第11期，第135~144页。
② 蔡元培等：《中国新文学大系导论集》，岳麓书社，2011，第7页。
③ 陆尔奎：《论普及教育宜先注重宣讲》，《教育杂志》1909年第1期，第1~4页。
④ 沈灌群：《今后中国的新教育和中国的教育者》，《中华教育界》1930年第7期，第15页。

国语文学。在这一时期，外国翻译文学作品便是国语文学的重要组成部分。"国语文学"的倡导者胡适呼吁应赶快用白话翻译西洋文学经典，在此基础上加快新文学创作，这是因为西方的小说在艺术方法上可成为新文学小说创作借镜，西方小说有精确的材料、完备的体裁、工切的描写、细密的心理剖析、透彻的社会问题讨论，"美不胜收"；尤其是西方的短篇小说，仿佛"芥子里面藏着大千世界"①。1920年胡适出版国语文学创作纪元的实验作品集《尝试集》，在这部新诗集中，《老洛伯》《关不住了！》《希望》等译作赫然在列。另一位国语研究者黎锦熙在绘制的《国语四千年来变化潮流图》中，以图示方式具体描述中国国语及国语文学发展的脉络，并且清晰地勾勒出中国的翻译文学潮流（西洋文学潮流）从晚清开始与国语发展分离，到新文学运动时期持续汇入国语文学的发展过程。正是在胡适、黎锦熙等人领导下，在国语统一会等支持下，1920年4月，教育部又发出通告，分批废止以前的旧国文教科书，要求各学校逐步采用经审定的语体文教科书，其他各科教科书也相应改用语体文，政策的颁布实施为白话文学（包括外国翻译文学作品）进入中学国文教科书提供了制度的保障。

从当时翻译的实践来看，相比文言语体来说，白话语体对外

---

① 胡适：《建设的文学革命论》，陈独秀、李大钊、瞿秋白主编《新青年·第4卷》，中国书店出版社，2011，第223~235页。

国翻译文学更加有利。就外国翻译作品采用文言语体来看，由于文言语体具有规范性及稳定的审美体验特点，使用文言来翻译外国作品并不完全对路。在具体翻译实践中也反映出文言语体在表达外国翻译作品方面的若干不足。其一，文言的精英性不能表现下层人物的话语，也不能传递儿童文学的文体特征[1]。其二，文言在新词汇上的缺乏及其句式语法欠缺严密。鲁迅也感叹，"中国的文或话，法子实在太不精密"，而"语法的不精密"背后是"思路的不精密"[2]。其三，文言语体在现代学术、小说戏剧等外国作品的翻译尤其不足。易峻坦诚在科学思想、现代学术、小说戏剧尤其是"关于描写人物云谓动作之处"，上述方面最好使用白话语体进行翻译[3]。与文言语体的典雅、规范、传统、稳定不同，通俗的白话语体更能够通过汉语翻译来容纳外来新词汇，也较容易体现外国作品中语法关系重叠、逻辑结构严谨的西语表述特征，还能够展现外国小说作品中人物内心活跃的思维过程，更能够描写现代社会、指导现实人生[4]。正是以白话为语体对外国作品进行直译，大量的外国作品才源源不断地与中国读者见面，进而影响到教科书选文的编写。

---

[1] 杨义主编《二十世纪中国翻译文学史·五四时期卷》，百花文艺出版社，2009，第199页。
[2] 鲁迅：《鲁迅全集·第4卷》，人民文学出版社，1981，第382页。
[3] 易峻：《评文学革命与文学专制》，《学衡》1933年第79期，第9~31页。
[4] 朱希祖：《白话文的价值》，郑振铎编《中国新文学大系文学论争集1917~1927》，上海文艺出版社，2003，第89~96页。

随着新文化启蒙的开展，本土封闭的思想形态遭到来自西方现代文化的冲击，传统中国被视为文化的落后者。精英知识分子从文化的载体语言、文学入手，构建有别于"旧文学""旧文化"的"新文学"。新文学是以白话语体来书写的文本样态（区别于文言语体），也是一种西方的文学样式（与传统诗赋相区分），更是以人的启蒙和反帝爱国为主题（区别于传统的封建伦理）。随着白话文流行，白话外国翻译作品，尤其是白话翻译小说开始推广。随着白话语体从民众教育上升为普及教育，白话教科书开始编纂，白话外国翻译作品也顺势成为教科书选文的重要组成部分。

三　编者对新文学的认同，加速了外国翻译文学作品进入初中国文教科书的步伐

随着哲学诠释学的发展，人们逐渐意识到教科书编者对于教育思潮的感知理解直接影响了外国翻译文学作品的呈现面貌。从洪北平、何仲英两人所发表的教科书编辑大意、学术文章、国文教学实践、外国翻译实践都可以看出编者对白话文、新文学尤其是外国翻译小说的认可。

教科书的编辑大意及其附录的学术论文，皆可看出编者入选外国翻译文学的目的。教科书编者在《编辑大意》中指出：这些选文是"供研究白话文的人作范本用的"，所选的白话文也符合"中等学校的程度"，同时也弥补了"白话文取材很不

容易"的局面。编者洪北平为了进一步指导白话文的研究方法,还在《白话文范参考书》中附录其所作的《新文谈》一文。在《新文谈》中他展开了对于新时期新文学的想象,新文学首先是"白话的",是白话文,"白话是普通话,是潜势的国语"①。新文学是注重精神的,"不必拘于起承转合的老腔调,体裁纯任自然,布局就活泼了","而且必须有美妙的精神在内";新文学是平民的,它以"社会为本位,以大多数人为对象","内容更要有普遍的事实与理想,合于'德谟克拉西'的精神";新文学是人道的,"人道就是人的道德"前提是"我是一个人,在人的范围以内",在此基础上"人爱我,我亦爱人";新文学是自然的,自然首先体现在"文体的解放""诗体的解放",其次体现在"内容也极重自然,是人人心中所有的";新文学是写实的,"描写的是人的生活,是人现在的生活,是人将来的生活将有的";新文学是进化的,它"不满于已往","常常有个将来在前面",它"一方面为社会前趋,造成思想界新潮流;一方面又受新潮流的影响,因而渐进"②。纵观编者论述,我们不难发现《白话文范》编者已经受新文学观念影响,并基本认同胡适、陈独秀、周作人等人的新文学理念,接受了人的文学、文学革命、文学进化论等新的伦理道德。通

---

① 洪北平:《新文谈》,《教育杂志》1920年第2期,第1~5页。
② 洪北平:《新文谈》,《教育杂志》1920年第4期,第103~115页。

过编选理念再结合教科书课目，我们可推断《铃儿草》（莫泊桑著，恽铁樵译）等 7 篇外国翻译作品也应该包含在新文学之列。

从发表的学术文章来看，何仲英在当时《教育杂志》连续发表的与教科书选文相关的几篇论文，如《白话文教授问题》（1920）、《国语文底教材与小说》（1920），从学术文章的标题就可以看出两位编者对于白话语体、新文学、白话小说的态度。在《白话文教授问题》（1920）一文中，他认为小说是文学中的主干之一，小说结构新奇，寓意深远，并且主张学生可以阅读翻译文学作品，如"胡译的《短篇小说》"，并且认为现在讲小说，"以时人译著为宜"[1]。针对小说与教材内容的关系，他专门撰文《国语文底教材与小说》（1920），论文中扩展了翻译文学的阅读范围，"此外胡译《短篇小说》、周译《欧美名家短篇小说》，以及新近北京出版的《俄罗斯名家短篇小说集》和散见于报章杂志的译体小说，皆可选看"[2]。除了小说之外，也主张外国翻译戏剧选入教科书，但他表现得较为谨慎，只是"容有一二"，因为外国戏剧"与我国国民生活和思想上不尽吻合"[3]，作为教科书材料有一定困难。根据编者何仲英的论

---

[1] 何仲英：《白话文教授问题》，《教育杂志》1920 年第 2 期，第 1～15 页。
[2] 何仲英：《国语文底教材与小说》，《教育杂志》1920 年第 11 期，第 1～14 页。
[3] 同上。

述，我们也不难理解第二册、第三册、第四册 7 篇外国翻译作品，其中 6 篇为外国白话小说，1 篇为外国诗歌，外国戏剧作品一篇未选。至于入选外国翻译作品国别，主要为法英美及俄罗斯等国的作品。

从洪北平在南开的教学实践来看，作为学生，赵景深在《南开中学的一年》① 一文中回忆南开中学国文教育尤其是国文教师洪北平教学情况，对于外国翻译作品，他注重思潮和重要作家，学生"从他那里第一次知道了浪漫主义和自然主义"，也第一次接触"托尔斯泰、莫泊桑之类"②。从教科书编者的翻译实践来看，他们除了是国文教育工作者外，还是作家，更是翻译家。赵景深从南开中学考入天津棉业专门学校，仍关心自己的老师洪北平，并且特别谈到了他的编辑、创作和外国作品翻译的情况。"洪先生还在南开教书。这时他的《白话文范》已经出版，这是最早的一部中学白话文教科书。他还常有小说（包括自己创作的和翻译的）投给《新的小说》《妇女与家庭》等刊物（这两个刊物都是泰东图书局出版的）"③。纵观赵景深的

---

① 赵景深：《南开中学的一年》，鲁迅等：《我的童年》，简明出版社，1946年，第 70 页。对于赵景深更多求学经历的介绍，可以参考《赵景深生平概述》，李英：《赵景深和 20 世纪俗文学研究》，复旦大学，2013，第 1～4 页。《赵景深自传》，《文献》丛刊编辑部：《文献》1980 年第 3 辑，总第 5 辑，书目文献出版社，1980，第 167～170 页。

② 赵景深：《南开中学的一年》，鲁迅等：《我的童年》，简明出版社，1946，第 70 页。

③ 赵景深：《现代文人剪影》，湖北人民出版社，2009，第 154～155 页。

描述，我们可以看到：其一，洪北平教师在教学中倡导新文学；其二，除了国文教育工作者外，他既是作家还是翻译家。洪北平兼教师、文学创作者、翻译者、编者等身份于一体，正是因为他对新文学的认同，对外国翻译文学作品的认同，所以在文学创作、教科书编写中均注重对外国翻译作品的介绍。

四 结语

通过回溯外国翻译文学首次入选中学语文教科书这一关键事件，我们不难看出外国翻译文学选入中学语文教科书是由社会情境、教育需要、文学发展、教科书编者等多种因素推动的。就社会情境来看，新文化运动及文化启蒙的需要对外国翻译文学的入选具有促进作用；从教育需要来看，审美教育、教育普及的提倡需要开发新的课程内容，具有纯文学及白话语体特征的外国翻译文学无疑适应了这一需要；从文学发展来说，当时的外国翻译文学是作为国语文学、新文学的一部分而被选入中学语文教科书的；就教科书编者来看，这些编者有着启蒙的思想、开放的心态，倡导新文学，试图开阔学生视野，汲取人类优秀文化成果来培养新人。正是这些因素使得外国翻译文学作品最终进入《白话文范》。从教科书目录来看，这套四册白话语体教科书首次选入 7 篇外国翻译作品。第二册选入了 5 篇外国翻译文学作品，分别为：《铃儿草》（莫泊桑著，恽铁樵译）、《畸人》（伏兰著，周瘦鹃译）、《最后一课》（都德著，胡适译)、《航海》(杜仅纳甫著,耿济之译)、《缝衣曲》(虎特著,刘半农译)。第三册、第四册各选入1篇外国翻译文学作品,分别为:《三问题》(托尔斯泰著,张三眼译)、《德谟克拉西的真义》(杜威著,胡适译)。这7篇外国翻译作品,除了《德谟克拉西的真义》为演讲外,其他6篇,5篇为小说,1篇为诗歌。这6篇外国翻译文学作品选文共同呈现如下特点:第一,外国翻译小说占据主流。第二,这一时期,翻译文学语体形式为白话语体。第三,思想主题关注自我、平民及社会现实生活。与民初通过外国翻译作品选文塑造国民不同,这一时期翻译文学更关注自我,关注平民及社会现实生活。选文经历了从民初知识阶层到平民阶层,从民初士人生活到现实生活,从民初国民生活到社会生活。以上转变的背后,是现代爱情婚姻观、阶级意识、国家观念、人的观念、文学观念等新时代价值观的确立。同时,民初的知识类文章更多告诉学生有关西方的信息,为学生了解西方打开一个窗口,而文学需要学生将人生体验投入作品中,去理解,去对话。

第四节 新文学、新精神:《白话文范》中的外国翻译文学作品

1920年,商务印书馆出版发行了第一套中学白话国文教科

书——《白话文范》①。该套教科书共有四册，第1册由洪北平编写，其余三册皆为何仲英编纂，分四个学年教授，并且首次选入外国翻译文学作品。关于这套教科书的编选背景、编者介绍、选文开创性，商务印书馆在教科书中以商业广告形式进行了宣传，言语之间对这套教科书颇为赞赏，认为它是"一种破天荒的教科书"②。从外国翻译文学作品的入选情况来看，这套教科书的确是开风气之先。一方面，它选入了7篇外国翻译作品，其中5篇为小说，1篇为新诗，1篇为演说。其中，文学作品分别为《铃儿草》《畸人》《最后一课》《航海》《缝衣曲》《三问题》。另一方面，从外国翻译作品选文的演变历史来看，这套教科书第一次开始选入纯文学性质的外国翻译文学作品。无论是民初三套主流教科书《中华中学国文教科书》（刘法曾等，1912）、《共和国教科书国文读本》《新制国文读本》，还是非主流教科书《国文教科书》（潘武，1913），其选文体现实用性特征，且均为杂文学。为了更加

---

① 《白话文范》并没有获得审定，并非教科书，仅仅作为补充教材使用。但是由于这套教科书第一次选入了外国翻译文学作品，所以研究者对其进行了较为详细的阐述。国语教育家、国文教科书研究者黎锦熙于1933年发表《三十年来中等学校国文选本书目提要》一文，对于补充教材《白话文范》教科书尤为重视，他这么评论：是时学制未改，故仍依四年分配。所选多采自当时白话杂志，间及旧白话小说诗歌语录等。是为专选语体文中学课本之最早者，但仅认为补充的教材耳。始用新式标点，提行分段（此后选本大率如此，尽亦根据部颁之新式标点符号案云）。见黎锦熙《三十年来中等学校国文选本书目提要》，《师大月刊》1933年第2期，第1~23页。
② 洪北平、何仲英编《白话文范参考书》第1册，商务印书馆，1921，第2页。

清晰地呈现《白话文范》中外国翻译文学作品的独特风貌，笔者对《共和国教科书国文读本》和《白话文范》这两部不同年代教科书中的文学作品进行纵向的历史对比研究，发现《白话文范》中外国翻译文学作品选文的一些特色。

一 文学观念：杂文学到纯文学，诗词歌赋到小说

民初中学国文教科书所选的文章，语体为文言，采用的是杂文学观念，一般文笔并举、文史不分，杂文学观念使得文学成为经学与实用文的附庸。当时教科书入选的文章主要由以下四类构成：《古文辞类纂》《昭明文选》《经史百家杂钞》《唐宋各名家底诗》[①]。其中《昭明文选》《唐宋各名家底诗》中诗歌、辞赋可以被归为纯文学范畴，《古文辞类纂》《经史百家杂钞》中大体上为奏议、箴铭、哀祭、赠序等实用文体。总的说来，"杂文学所占的位置实在比纯文学重要"[②]。就纯文学而言，也仅仅局限在诗歌词赋中，成为传统士大夫的专利，而小说戏曲皆难登大雅之堂，仅仅成为普通民众的精神食粮。

随着大量外国翻译作品进入中国，西方文学观念也逐渐为人们所接受，也即纯文学观念开始流行。所谓纯文学便是注重情感

---

① 孙俍工：《文艺在中等教育中的位置与道尔顿制》，《教育杂志》1922年第12期，第1~14页。
② 同上。

的抒发和美感的体验，它"以一切美术之本质"，使看和听的人们"为之兴感怡悦"①。纯文学包括小说、诗歌、戏剧、散文等。它使文学从驳杂繁芜中获得了独立，自此文学与历史、伦理、社会、地理等区分，逐渐形成了国文学科的独特形态，并开始建立本学科的知识体系。在纯文学中，小说地位变化最为明显，从古代"残丛小语"上升为文学主流。

就纯文学而言，体裁从古典诗歌辞赋转变为小说。这种转变鲜明地体现在《共和国教科书国文读本》和《白话文范》的演变中，研究者以两套教科书第二册纯文学课目为例（见表1）。

表1 《共和国教科书国文读本》与《白话文范》课目比较

《共和国教科书国文读本》				《白话文范》			
课目	作者	时代	文体	课目	作者	国别	文体
《感遇录三首》	张九龄	唐	诗歌	《缝衣曲》	虎特	英国	诗歌
《茅屋为秋风所破歌》	杜甫	唐	诗歌	《铃儿草》	莫泊桑	法国	小说
《行路难》	李白	唐	诗歌	《畸人》	伏兰	法国	小说
《梦李白二首》	杜甫	唐	诗歌	《最后一课》	都德	法国	小说

资料来源：洪北平、何仲英编《白话文范》第2册，商务印书馆，1920，第134、23、29、40页；许国英《共和国教科书国文读本》第2册，商务印书馆，1913，第15、45、76、77页。

---

① 徐中玉编《中国近代文学大系》（1840~1919）第1集第1卷，上海书店出版社，1995，第249页。

纵观两套教科书第二册纯文学课目,我们可以看到这种转变体现在两个方面。其一,就诗歌而言,传统古典诗歌转变为现代白话诗歌;其二,就不同文体而言,从传统古典诗歌转变为小说。

从传统古典诗歌来看,"雅致"是其最大的特点。这种雅致尤其体现在运用典故、讲究对仗等方面。在诗歌创作中使用大量的典故,一方面使文本蕴含丰富的文化密码;另一方面也造成阅读困难,不懂得其中的典故,不了解文化中的象征符号便读不懂古典诗歌。如《共和国教科书国文读本》中张九龄的《感遇(兰叶春葳蕤)》,"兰叶春葳蕤,桂华秋皎洁。欣欣此生意,自尔为佳节。谁为林栖者,闻风坐相悦。草木有本心,何求美人折"。阅读《感遇(兰叶春葳蕤)》,如果不懂屈原《楚辞》中香草美人的意象传统,如果不明白其中"兰叶""桂华""林栖者""草木""美人"背后所兴寄的情感,便读不出诗人怀才不遇、怀才报德的主题。明胡震亨《唐音癸签》曾评价张九龄的诗歌用典太多:"张曲江五言以兴寄为主,而结体简贵,选言清冷,如玉磬含风,晶盘盛露,故当于尘外置赏。"[1]

与古典诗歌多用典故、讲究形式相比,新文学初期的外国翻译诗歌往往浅白如话,形式自由,易于阅读。《白话文范》中英国作家虎特的《缝衣曲》无过多的兴寄,而是对缝衣女工的生活的朴实刻画:"指痛无人知,贫女手针线,一针复一针,穷愁

---

[1] 邓诗萍主编《唐诗鉴赏大典》,吉林大学出版社,2009,第73页。

难自聊。缝衣复缝衣,缝衣复缝衣,我闻突厥蛮,岂我所缝衣。目肿难为哭,身上无完服,将此救饥腹,姑唱《缝衣曲》。朝自鸡鸣起,破屋星光里,凶悍无人理,竟裹耶稣体。"① 英国作家虎特的《缝衣曲》,译文通过白话乐府的方式呈现,朗朗上口,通篇无一典故,主要通过缝衣女工的心理描写表达工作的劳累及生活的困窘。

与古典诗歌注重典雅、文字有限、注重格律相比,《白话文范》中的小说常常注重写实,与诗歌相比,小说篇幅较长,能够更多地承载社会内容。现代小说以现代白话写成,描写的是普通人的日常生活,对于人物描写讲究逼真写实,对于环境则注重与人物相互一致,对于情节短篇小说更讲究横断面的选取。与传统的古典诗文相比,小说运用白话,一方面可以带入许多新名词;另一方面可以通过细节描写更加真实地呈现日常生活,使得教育内容与学生的生活经验紧密联系。如《最后一课》逃学的"我"在市政大厅前的所见所闻:"我走到市政厅前,看见那边围了一大群的人,在那里读墙上的告示。我心里暗想,这两年我们的坏消息,败仗哪,赔款哪,都在这里传来,今天又不知有什么坏新闻了,我也无心去打听。一口气跑到汉麦先生的学堂。""平日学堂刚上课的时候,总有很大的响声,开抽屉的声音,先生铁戒尺的声音,种种响声,街上也常听得见。我本意还想趁这

---

① 洪北平、何仲英编《白话文范》第 2 册,商务印书馆,1920,第 134 页。

一阵乱响的里面混了进去。"① 短短的细节描写，就包含了诸多名词，如市政厅、告示、败仗、赔款、坏新闻、学堂、抽屉、铁戒尺、街上等；此外，在市政厅前读告示的场景、学堂上课前的场景都是关于普通人的生活。

可以看出，从《共和国教科书国文读本》到《白话文范》，外国翻译文学在形式上呈现如下特点：第一，语言更为浅易，与含蓄难懂的文言文相比，白话文直白浅显，并且带入了大量日常生活的新词汇；第二，新的文学文体，与古典诗歌相比，《白话文范》中的翻译文学作品大多为现代诗歌与现代小说，诗歌集中在叙事诗，小说则为现代短篇小说。

二 文学内容：士人转为平民，士人情怀转为人生社会的关注

1913 年《共和国教科书国文读本》中四首古典诗词，均是围绕士人生活展开的。中国古代士人阶层地位特殊，介于平民和统治阶级之间。许多士人为平民出身，对于百姓生活充满体恤；同时士人们也拥有文化知识，具有独立的价值观念，通过由平民到士大夫的转变来参与政治。在政治生活中，他们是维护统治的工具；在精神生活中，他们有着自己的人格操守。政治生涯不如意，他们抒发怀才不遇之情，坚持精神的操守，他们以香草美人

---

① 洪北平、何仲英编《白话文范》第 2 册，商务印书馆，1920，第 40 页。

自喻；面对生活的贫困，他们或感叹士人生活窘迫，或关心百姓的生计；面对亲友，他们抒发对亲人的思念和对友人的怀念。怀才不遇方面，以《感遇录三首》（张九龄）、《行路难》（李白）为代表。张九龄的感遇诗，继承了屈原的香草美人意象。在《感遇（兰叶春葳蕤）》，《感遇（孤鸿海上来）》《感遇（江南有丹橘）》三首诗中，他以"兰叶""孤鸿""丹橘"自比，抒发自己高洁的品格："草木有本心，何求美人折"，"今我游冥冥，弋者何所慕"，"徒言树桃李，此木岂无阴"。[1] 李白的《行路难》则感叹世路艰难，发出了"行路难，行路难，多歧路，今安在"[2] 的困惑之问。描绘士人生活的贫困，则以《茅屋为秋风所破歌》（杜甫）为例，展现了茅屋为秋风所破后在寒夜中的痛苦情状，"布衾多年冷似铁，娇儿恶卧踏里裂。床头屋漏无干处，雨脚如麻未断绝"，进而推己及人，发出了"安得广厦千万间，大庇天下寒士俱欢颜"[3] 的感叹。体现士人友情方面，以《梦李白二首》为例。面对李白被流放，诗人内心担心朋友在外的安危，"江南瘴疠地，逐客无消息"，"江湖多风波，舟楫恐失坠"；同时也为朋友的怀才不遇感到悲伤，"冠盖满京华，斯人独憔悴"[4]。

---

[1] 许国英编《共和国教科书国文读本》第 1 册，张元济等校，商务印书馆，1913，第 15 页。
[2] 同上，第 76 页。
[3] 同上，第 45～46 页。
[4] 同上，第 76～77 页。

与《共和国教科书国文读本》中士人形象、士人情怀不同，《白话文范》人物形象大多为各色各样的平民，有女缝衣工、小孩、教师、女裁缝等，还有平民夫妻。《缝衣曲》刻画女缝衣工，因为连续不断的缝衣工作，她"指痛无人知，目肿难为哭。贫女手针线，身上无完服。一针复一针，将此救饥腹"[1]。《铃儿草》中女缝衣工，是一个跛脚的女人，"他又是跛脚，形状和别的跛脚不同；我以为很像一只船下了锚，因为他走路来，大起大落，像船在大浪里颠簸"[2]。另外，《最后一课》则刻画了逃学的孩子和教法语的老师韩麦尔先生，《畸人》则描述了婚姻矛盾中的达士孟及其妻子玛丽，"春天的夜中，就起了这两种不和之声，那丈夫的声气很生硬，那婆子的声气很尖锐"[3]。

从1913年到1920年，中学国文教科书中的文学作品，人物方面从刻画士人转为刻画师生、夫妻、女缝衣工，文学教育内容日益现实化、生活化。人物形象的改变使得文学作品主题也不再仅仅局限于以往关注士人友情、个人命运、士人贫困生活，而开始走向社会、关注人性，具体体现在爱情婚姻、民族国家的命运、底层百姓的贫困书写三个方面。

其一，爱情婚姻。如果说杜甫的《梦李白二首》成就了一段诗圣与诗仙友情佳话的话，那么《铃儿草》及《畸人》

---

[1] 洪北平、何仲英编《白话文范》第2册，商务印书馆，1920，第134页。
[2] 洪北平、何仲英编《白话文范》第2册，商务印书馆，1920，第24页。
[3] 洪北平、何仲英编《白话文范》第2册，商务印书馆，1921，第30页。

则关注新时代的爱情与婚姻。就传统古典诗词与小说而言，也不乏对夫妻感情及对爱情的追求的书写，但是往往在专制包办婚姻和有限度情缘的张力中重复着"姻缘"的传统话语表述方式，如《孔雀东南飞》中在焦母的挑剔苛刻下刘兰芝和焦仲卿的婚姻等。与传统文学中的姻缘表述不同，《铃儿草》讲述的是一个爱情自主、婚姻自主的主题。女裁缝"铃儿草"尽管地位低下但勇敢地追求爱情，为了让爱人脱险而自己从窗口跳出导致终身残疾，并一生未嫁，对爱情十分忠贞。在这个故事中，有三个与中国传统爱情婚姻观不同的可以关注的面向：第一，恋爱自由。铃儿草对于爱情的追求，体现了民主思想、个性解放、独立自主的特征。第二，铃儿草的形象具有基督教自我牺牲精神的特点。女裁缝铃儿草为了爱人的幸福，可忍受残疾乃至人生的任何苦难，越痛苦越是忍受，表现出对感情的忠贞，这种对爱情刻骨铭心的深度理解是我们文化传统中所不具备的。第三，悲剧性的死亡结局。这在我们民初乃至传统文学教育中较少出现。

把门推开，我就见这老妇躺在地上，她脸向着地，两手伸直向前，一手捏着针，一手拿着未完工的衣服，一只较短的脚，着了蓝色袜，一只较长的脚，伸在她坐的凳子下面；她的眼镜在墙角边，倒没有碎。我见了倒吸了一口冷气，转身便走，想喊人，不知怎么喊，只一路直着嗓子嚷。他们不知就里，都吃了一惊，忙问所以，我才放告诉他们，裁缝妈死了。①

——《铃儿草》

另外，《畸人》则从婚姻的角度来阐述对于爱情的理解，讲述美丽贪婪的妇人玛丽和达士孟的爱情悲剧。总的说来，从民初到文化启蒙之后，文学教育方面，情感从文人友情转为现代爱情的书写。

其二，民族国家的命运。如果说《茅屋为秋风所破歌》抒发对士人个人、士人群体、百姓命运关注的话，《最后一课》则关注亡国背景下的爱国问题。关于爱国，我国自古以来就有"忠君报国"的文学母题，这与古代士大夫修身、齐家、治国、平天下的儒家情怀有关。但现代意义上的爱国与现代民族主义兴起有关，随着西方殖民侵略加剧，给中国带来了亡国灭种的焦虑。《最后一课》便是选文编者基于"民族寓言"的寄托，他借助西方的翻译文学，来讲述中国民族救国的故事。《最后一课》中法国被德国割地，而中国从鸦片战争伊始，被帝国主义割地的情况并不鲜见。《最后一课》中通过保存法语来表达爱国之意，而在现实中，中国也需要思考民族语言发展的问题。

---

① 洪北平、何仲英编《白话文范》第2册，商务印书馆，1921，第25页。

其三，底层百姓的贫困书写。如果说《茅屋为秋风所破歌》关注贫困状态下士人的痛苦情状的话，《缝衣曲》则围绕一位女缝衣工辛苦工作的经历而展开，她每天的生活便是"缝衣复缝衣"，身心疲惫，却连自己的温饱问题都无法解决。

三 文学选文：从译作到选文，基于课程转换的视角

1920年，《白话文范》选入外国翻译文学作品，使得外国翻译作品从译作转变为选文，其本质上是在时代文化语境下教科书编者对教育思潮感知理解后的产物，属于编者感知课程的范畴。这里面至少有多个要素对教科书中外国翻译文学作品的入选产生作用。

其一，文化语境。社会变迁、教育文化转型等共同融汇成了这一时期特有的时代语境。从文化变迁来看，新文化运动时期，白话新文学得到提倡，外国翻译文学大量引进，小说成为主流，文学艺术性得到重视，文学关注人生成为社会风尚。从教育转型来看，民初教育则以共和国家为体西洋实利主义为用。1919年，全国教育联合会以"教育真义"代替"教育宗旨"，认为教育应"养成健全人格，发展共和精神"[①]。1922年颁布的《学校系统改革令》中正式提出了"七条教育标准"，其中"适应社会之进

[①] 朱有瓛主编《中国近代学制史料·第3辑·上》，华东师范大学出版社，1990，第108页。

化""发挥平民教育精神""谋个性之发展"① 三条最为重要。自此教育从贵族走向平民，从封建专制走向人性平等，从成人本位走向儿童本位，从延续传统到追求科学进步。

其二，教育思潮的影响。审美教育思潮兴起，一方面是因为教育者们对于国内军阀混战及"一战"局势对民初教育宗旨的重新反思；另一方面与王国维、蔡元培、李石岑等人的推动有关。在这一思潮影响下，众多学术大家、教科书编者、文学教育研究者投身于出版编辑实践，更通过个人地位影响决策，进而影响了初中国文教科书外国翻译作品选文的面貌。

其三，编者的理解感知。随着诠释学的发展，研究者开始思考编者的选文态度与选文面貌之间的相互关联。如果回顾洪北平、何仲英两人当年所发表的学术文章、参与的国文教学实践、开展的外国翻译活动，我们不难看出他们对白话文的认同，对新文学特别是外国翻译小说的赞同。

总的来说，新文化运动的时代潮流、教育界中审美教育思潮和普及教育的发展、文学领域白话文学的异军突起，这些都为外国翻译作品进入教科书提供了可能；而教科书编者何仲英、洪北平对白话文学、新文学的感知理解，使得外国翻译文学进入中学国文教科书成为现实。在这套教科书中 6 篇外国翻译文学作品呈

---

① 朱有瓛主编《中国近代学制史料·第 3 辑·上》，华东师范大学出版社，1990，第 107 页。

现出鲜明的特点。其一，文学观念从杂文学转变为纯文学，尤其是外国翻译小说占据主流。除了《缝衣曲》为现代诗歌外，其余5篇均为小说。其二，文学内容更加重视平民及其社会现实生活，从知识阶层到百姓阶层，从士人生活到百姓生活，这种转变背后也重构了现代的爱情婚姻、国家观念、阶层观念乃至关于人的观念。

第五节　《白话文范》《国文教科书》外国选文特点比较

1920年，商务印书馆出版发行第一套中学白话国文教科书——《白话文范》（未获得审定，而是作为补充教材使用）。但是，从宽泛的角度来看，外国翻译作品最早入选中学国文教科书并非始于《白话文范》。1913年辛亥革命后，潘武在《国文教科书》中开始大量选入对外国翻译作品辑译、改写后的短文（如《克虏伯》《微菌》等）。为了更加清晰地呈现《白话文范》中外国翻译作品的独特风貌，笔者对《国文教科书》（潘武，1913。下同）和《白话文范》进行纵向的历史对比研究，发现了《白话文范》中外国翻译作品选文的一些特色。

一　选文内容：从伟人生活到平民人生

《国文教科书》试图通过选入大量知识性文章来塑造理想型

共和国国民,这些知识涉及政治、伦理、科技、经济、生活方式等多个方面。教科书对共和国国民的塑造是具体而微的,同时通过教科书选文构建了一批国民学习榜样。这些榜样多是伟人,有共和国政治家,如华盛顿等;有军事技术家,如克虏伯等;有资本家,如洛克菲勒等。构建伟人榜样是社会治理的重要方式之一,树立伟人榜样就是要将其典型化、特征化为固定的"道德符码",宣传伟人榜样、学习伟人榜样就是通过选文的学习不断强化对榜样的认识[1]。这些伟人榜样是经过教科书编者选择并且经过教科书审定认可的,伟人榜样的构建也使人们看问题的方式固定化,从而实现社会治理。这里仅选取《国文教科书》中有关宗教改革家路德的一个片段。

> 路德者,宗教之革命家也,生于德意志萨克森州。遵父命。入耶尔弗大学。研究法律。一日至图书馆。见拉丁文圣经。知耶稣实为救世而生。非立严法以责人者。遂舍律学而穷教义。蓄志改良宗教。后任威丁堡教师。寻举神学博士。宣讲教主真义。竟日登台。略无倦色。教徒咸钦仰之。时教皇专横无度。教会规模紊乱凌替。蔑弃圣经。恣物欲。喜营造。经费不足。常鬻赦罪符。敛民财以供挥霍。路德大愤。

---

[1] 齐学红:《在生活化的旗帜下:学校道德教育改革的社会学研究》,广西师范大学出版社,2011,第39~40页。

谓增减罪恶。教皇无此特权。于是作檄文九十五条。揭示教皇罪状。悬于威丁堡寺门。①

——《路德》

书中塑造的人物大多为路德这样能扭转时势的伟人、英雄。从角色理论来看②，路德等人物往往属于自致角色，即通过个人的努力或活动最终成为有成就的文学家、宗教家、政治家等。这些自致角色背后也隐藏着角色期待，这种期待体现在：教科书选文中的人物形象和学习者的角色感知形成了一种可以塑造的发展方向，路德等人物都是各个重大历史事件及其各行各业中的翘楚，与社会价值保持着高度一致，是社会的忠实代表。同时，在叙述过程中，仅进行简单的叙事，没有个人内心的抒写。角色没有对自我的生存和存在进行反思，仅仅被纳入国家层面成为国民有机组成部分。

在《白话文范》中，则大量出现平民形象，甚至有了主体意识的"我"出现。

我从刚浦岸乘船到伦敦去，船上有二个搭客：一个是

---

① 潘武评辑《国文教科书·前编》，戴克敦等译，中华书局（上海），1914，第140页。
② 比德尔、曾霖生：《角色理论的主要概念和研究》，《现代外国哲学社会科学文摘》1988年第11期，第4~7页。

我，那个是一只良种的小猴儿，是刚浦的某商人把他运到英国送给一位富人的。①

——《航海》

与路德等伟人英雄相比，《航海》中的人物形象更多元也更平民化，作品也更贴近日常生活。"我"是一个在外旅行的乘客，船长冷漠而又无聊，小猴儿虽被囚禁却乐于与人相处。在人物角色多样化中，便有了"我"与船长之间的角色冲突，"我"对船长的冷漠感到了一种不愉快；"我"与小猴儿之间的角色认同，认同人与动物之间的亲近关系；在角色冲突之后，"我"进一步深化了角色感知，也就是在与各种角色打交道过程中，对他人的角色进行感知，同时更深刻地理解了自我角色，将其升华为人与动物之间的关爱，一种普遍的人道情怀。选文将角色的冲突、角色的认同、角色的感知放置在航船及大海的空间背景之下，也能够扩大学生的生活视野。同时，在角色的塑造中，与《国文教科书》更多借助叙事、论说等传递西方的信息不同，这一时期更注重人物的心理感受，例如："我问他的话，回答我很简单，很不自在。不得已只好同我那亲爱的同伴——小猴儿在一块儿消遣着。"② 在心理的刻画中包含着作者的价值观念，这些

---

① 洪北平、何仲英编《白话文范》第 2 册，商务印书馆，1920，第 46 页。
② 同上。

外在的价值观被学生获得，经由其固有的经验而消化、内化。最终，学生的道德价值观念会受到影响甚至发生改变①。

二　选文形式：从论说文体到文学文体

《国文教科书》中的外国翻译作品，论说文有35篇，在51篇外国翻译作品中所占比重为68.7%，而《白话文范》中，小说诗歌共6篇，在7篇外国翻译作品中所占比重为85.7%。由此可见，在外国翻译作品的形式方面，呈现为论说文体转变为文学文体的倾向。

以"国家"为主题，两套教科书文体各不相同。我们先看《国文教科书》中《国家》一文的表述方式。

聚若干民族。居一定邦土。相与组织政府。综理群治。是之谓国家。故国家者。人民之集合体也。立国之道。古今迥殊。古代交通不便。山海阻塞。人民蛰居邦土。所见未广。以为天地之大。不出四境。习虚怯之风。长惰慢之气。一旦有强者出。举兵乘之。如飘风振落叶耳故。当时所谓国家。兴也勃焉。而亡也忽焉。迄乎近世。途径既开。交通大繁。异种殊俗。相与接壤。先觉之民。知四境之外。天地之

---

① 胡谊主编《教育心理学理论与实践的整合观》，华东师范大学出版社，2009，第257页。

宽。己国与人国实处于对等之地。乃以争存之故。守不可逾越之疆土。以利害相蒙之故。订双方共守之条约。而国家之基础始固。①

——《国家》

这篇论说文，在语体上文白夹杂，有的句子已经与今天的语言表达接近，如"古代交通不便"，有的句子却仍保留文言用法，如"是之谓国家"。就词汇使用来看，较多与政体相关，如"民族""邦土""组织""政府""国家""人民"等。就文章结构来看，注重的是观点和论据在逻辑上保持一致，并且使观点能够凸显，使读者认可观点的正确性。

《白话文范》中的"国家"主题文学作品，我们以都德小说《最后一课》为例。

先生说完了，翻开书，讲今天的文法课。说也奇怪，我今天忽变聪明了。先生讲的，我句句都懂得。先生也用心细讲，就像他恨不得把一生的学问今天都传给我们。文法讲完了，接着就是习字。今天习字的本子也换了，先生自己写的好字，写着"法兰西""阿色司""法兰西""阿色司"四

---

① 潘武评辑《国文教科书·前编》，戴克敦等译，中华书局（上海），1914，第104页。

个大字，放在桌上，就像一面小小的国旗。①

——《最后一课》

与民初"国家"主题的论说形式注重逻辑不同，都德的《最后一课》采用小说形式来表现真实。叙事视角方面，通过第一人称"我"（学生小弗朗士）的见闻及主观感受来调节故事讲述的轻重缓急，并且推动故事发展。在第一人称的见闻和叙述中，作家躲藏在第一人称叙述者背后冷静地描写人物的动作，记录各个人物的言语，通过内视角尽可能使叙事达到艺术上的真实。学生在阅读的过程中，小说人物小弗朗士与学生站在同一水平线上，他们一起观察社会，在社会中行动同时也自我思考，也参与师生关系的理解、国家角色的建构，体现了"五四"时期民主的精神要求。在叙事结构方面，选文并没有聚焦于情节的惊奇上，而是聚焦于小弗朗士心理的变迁及其场面的描写上。场面的描写既有市政厅读告示的情景，也有"最后一课"课堂的状况。人物心理的变迁，从开篇小弗朗士对学业不认真而逃学，"心中很怕先生要骂"，到迟到时偷偷溜到座位上，感到"有一种不平常的严肃气氛"，再到上最后一节法语课时的醒悟，最后懂得了法语与爱国之间的联系，"说也奇怪，

---

① 洪北平、何仲英编《白话文范》第 2 册，商务印书馆，1920，第40～44 页。

我今天忽变聪明了。先生讲的,我句句都懂得"①。第一人称"我"的叙述视角及注重平凡人物心理变迁刻画,是受到了西方小说形式的挑战后,通过对外国翻译作品的借鉴才得以为国人所见。作为外国翻译作品,《最后一课》在给予读者现代审美体验的同时,也使得学生通过小弗朗士的心理转变实现国家角色的感知和认同。

三 文学选文:选文的生产,基于课程转换的视角

1920年,《白话文范》选入外国翻译作品,选文在内容、形式上的改变,本质上是在《共和国教科书国文读本》《白话文范》编制时,文化语境、教育思潮、编者的感知理解发生了较大的历史变迁。

其一,文化语境方面,从学习西方的整体知识转为学习西方文化文学。这一时期,教科书中外国翻译作品的入选,背后是中国作为西方冲击下的后发展国家在不同时代走向教育现代化进程中如何处理"传统与现代""中国与世界""现实与未来"的关系。教科书中大量入选外国翻译作品,往往是在抛弃传统、全盘西化时期,人们更加希望能够与世界接轨。不同的是,民国元年施行的是军国民教育,《共和国教科书国文读本》通过编选知识类外国翻译作品来构建共和国国民;五四新文化运动后施行人本

---

① 洪北平、何仲英编《白话文范》第2册,商务印书馆,1920,第40~44页。

主义教育，《白话文范》编者入选了外国翻译作品来培养学生的进化观念、怀疑精神与冒险意识等。

其二，教育思潮方面，经历着从实利主义教育思潮向审美教育思潮的转变。民国初年，发展国民经济，实现富国强兵的目标，培养拥有生产技能知识和能够参与政治生活的国民，成为社会对教育的重要期待。"智育"便成为当时教育界关注的热点，这里的"智育"便是"实利主义教育"，其表征为"实利主义教育"从清末教育宗旨的尾部位置跃居民初四项教育宗旨的第二位次。而到了新文化运动前后，军阀混战的国内局势和国际上"一战"的爆发促使社会思考富国强兵的合理性。正是在这样的背景下，王国维等学者宣传的审美教育思潮的影响不断扩大，最终为教科书编者所关注并接受。

其三，编者理解感知方面，陆费逵和洪北平、何仲英有着不同的选文编选理念。民国初年，社会性质从封建转变为民主共和，时代的变迁带来了教科书编者陆费逵等人教育观和知识观的转变。具体到语文教育领域，他们开始关注资产阶级发展所需要的经济知识和技能、民主共和的常识，而不断摒弃既往经史子集的阅读和背诵，正是在这种背景下传递西方智识的外国翻译作品才成为国文教科书的选编内容。随着新文化运动的开展，外国翻译文学成为新文学建设的重要组成部分。这一时期，白话文、新文学得到提倡，民主、科学的思想得以提倡，洪北平、何仲英等人在认同的基础上开展白话文教材教法的实践，他们编写的《白话文范》被认为是"五四"时期最早问世的中学国文科白话文教科书。《新文谈》《白话文教授问题》《国语文底教材与小说》，这些论文都论述了新文学的特征、国语教材选文的遴选、白话文的选材标准及其教授任务和教授方法。由此可见，《白话文范》中外国翻译作品的面貌，是在文化语境、教育思潮、编者理解感知等多种因素下建构出来的。

第二章 宏大叙事
教育思潮及文件互动下的外国文学编选

《白话文范》首次选入外国翻译文学作品，这与当时教育界兴起的审美教育思潮、文化界的新文化运动有着千丝万缕的关联。1919年五四运动到1927年国民政府定都南京，这一时期最鲜明的特点便是新文化运动蓬勃开展，现代民族意识开始觉醒，人民思想空前解放。新文化运动也以救亡图存为目标，从自由主义立场出发，依照个人理性批判传统伦理道德，呼吁采用世界新文化。倡导新文化，是基于救国于危难的考虑。中国近代以来虽学习西方技术、西方政治、西方革命，并推翻了晚清政府，但国家贫弱如故，军阀混战，社会乱象丛生。由此，青年开始从推翻军阀政府的政治运动深入到推翻旧文化，试图建设"民主""科学"的新文化。总的来说，新文化运动是对民初政治社会乱象、既往变革失望后，有志者希望用与传统决裂的"西化""新文化"来重建文化秩序乃至政治威权的尝试。

随着新文化运动的开展，文学、教育、文化、社会等很多方面发生了一系列连锁反应。在文化方面，全盘西化声音四起，西化论者与东方文化派相互论争，科学与玄学的观点不断碰撞，也正是在这些碰撞中，民主、科学思想逐渐拓展着自身影响的范围；在文学方面，提倡白话新文学，大量引进外国翻译文学作品，小说创作成为主流，文学的艺术性得到重视，文学为人生成为社会风尚；在教育方面，清末教育实行封建为体、西洋实利主义为用，民初教育则以共和国家为体、西洋实利主义为用。1919年全国教育联合会以"教育真义"代替"教育宗旨"，认为教育应"养成健全人格，发展共和精神"。1922年颁布的《学校系统改革案》中正式提出了"七条教育标准"，其中"适应社会之进化""发挥平民教育精神""谋个性之发展"三条最为重要。自此教育从贵族走向平民，从封建专制走向人性平等，从成人本位走向儿童本位，从延续传统到追求科学进步。

在这一时期，新文化运动下各种教育思潮并存，呈现出丰富的面貌。这些教育思潮包括：美感教育、职业教育、科学教育、实用主义教育、工读教育、平民教育、人格教育、劳作主义教育、儿童本位教育、自学辅导主义教育，等等。同时，诸多西方启蒙教育理论家思想引入中国，卢梭、裴斯泰洛奇、赫尔巴特、爱伦凯、杜威、柏格森、叔本华等。就教科书外国翻译作品而言，这一时期受美感教育思潮的影响最为直接。美感教育思潮的兴起，一方面是教育者们基于国内军阀混战和"一战"局势对民初教育宗旨的重新反思；另一方面还与王国维、蔡元培、李石岑等人的推动有关。他们既是学术大家，也积极投身出版编辑实践，更通过个人地位来影响决策。美感教育思潮发展也必然影响这一时期课程标准的编制及其中学国文教科书中外国翻译作品选文的面貌。

第一节 《国语纲要》（1923）对外国翻译文学的规划

1920年，《白话文范》首次选入外国翻译文学作品，这对有着厚重文学文化积淀的中国来说是一件新事，也是一件大事。但是外国翻译文学作品从进入教科书到被接受乃至广泛推广，与《初级中学国语课程纲要》（1923）的颁布与施行密不可分。1922年，新学制颁布实施。同年，在全国教育会联合会安排下，新学制课程标准起草委员会成立，并着手起草各个学科的课程标准。12月8日，叶圣陶拟定并起草了《新学制初级中学国语课程纲要》。1923年《初级中学国语课程纲要》颁布实施，对外国翻译文学作品进行了较明确的规定。课程纲要颁布实施后，虽然每一套教科书的编者对外国翻译作品都有各自的选编理念，甚至有些想法各不相同，但万变不离其宗，这个"宗"便是都需要遵循《初级中学国语课程纲要》对外国翻译文学作品的规划。

一 调整"智德"：强调中国文学（外国翻译文学）的兴趣

与民初《中学校令施行规则》（1912）第三条《国文要旨》中国文教育目标相比，这一时期国文教育目标明显受到新文学洗礼后呈现出不同的规划，如下页表1所示。

纵观这两个阶段中学国文课程目标，我们可以发现，《初级中学国语课程纲要》（1923）以"引起中国文学的兴趣"替代了之前《中学校令施行规则》（1912）中国文课程目的"涵养文学之兴趣，兼以启发智德"。这种替代的背后，呈现出两个特征。第一，调整智德；第二，凸显了文学教育。

《初级中学国语课程纲要》对"智德"的调整与现代国文发

表 1　新学制与民初中学国文教育目标对比

初级中学国语课程纲要(1923)	中学校令施行规则(1912)
使学生有自由发表思想的能力,使学生能看平易的古书,引起学生研究中国文学的兴趣。①	国文要旨在通解普通语言文字,能自由发表思想,并使略解高深文字,涵养文学之兴趣,兼以启发智德。国文首宜授以近世文,渐及于近古文,并文字源流、文法要略及文学史之大概,使作实用简及之文,兼课习字。②

资料来源:何慧君、姚富根编《20世纪中国中小学课程标准·教学大纲汇编·语文卷》,人民教育出版社,2001,第272、274页。

展的学科化密切相关。民初《中学校令施行规则》国文要旨部分呈现出国文学科要求与培养共和国国民育人目标兼顾的特征,其中"通解普通语言文字,能自由发表思想,并使略解高深文字,涵养文学兴趣"是国文学科自身的要求,"以美感教育完成其道德(公民道德)"则是培养共和国国民的育人要求。1919年孙本文的中学国文教育方针仍然沿用民初的表述方式,只是在阅读写作内容方面进行了更新,并更加重视实际的能力,"中学国文在授以写实主义理想主义之普通文、文学文,养成其实际上搜集知识表达思想之能力,并以启发智德"①。

1923年前后,语文学科化趋势渐显,许多研究者开始认为启发智德是教育总目标不应仅由国文学科独自承担,"启发智

---

① 孙本文:《中学校之读文教授》,《教育杂志》1919年第7期,第1~18页。

德","有各科学在",并不是"国文教授之主鹄"①,国文学科应有国文自己的学科使命。这一时期,语文教学目标表述方式主要有三种。第一种为主副目标模式,即语文学科的目标列为主目标,把教育目标放入副目标。如陈启天将主目标设定为:要能说普通用言语,要能看现代应用文和略解粗浅美术文,要能做现代的应用文;副目标设为:要启发思想,锻炼心力,要了解和应付人生和自然②。第二种为形式实质模式,形式为语文学科特色,实质为教育育人目标。如沈仲九把形式目标确定为:形式的(1)使学生能够了解用现代语或近于现代语,如各日报杂志和各科学类教科书所用的文言,以及所发表或登载的文章,而且要敏捷、正确,贯通;形式的(2)使学生能够用现代语——或口讲,或写在纸上——表现自己的思想感情,而且要自由、明白、普遍、迅速;实质目标确定为:使学生了解人生的真义和环境的现状③。第三种在承认教育目标基础上仅从语文学科角度确立教学目标,即更主要关注语文的"阅读"和"发表"。

---

① 孙本文:《中学校之读文教授》,《教育杂志》1919年第7期,第1~18页。
② 陈启天:《中学的国文问题(1920)》,顾黄初、李杏保编《二十世纪前期中国语文教育论集》,四川教育出版社,1991,第154~165页。
③ 其他以形式实质来构建教育目标的有:浙江一师:形式的,使学生能够了解用现代语,或近于现代语如各日报和中等学校以下科学教科书所用的文言所发表的文章,而且能够看得敏捷、正确、贯通,并使学生能够用现代语,表现自己的思想感情,而且要自由、明白、普遍、迅速;实质的,使学生了解人生真义和社会现象。沈仲九:《对于中等学校国文教授的意见》,《教育潮》1919年第5期,第43~47页。

以周予同为例，其国文教授目的具体设定为：人人能用国语或浅近的文言，自由而敏捷地表达思想情感，或记述事实，绝对没有文法上的错误；人人能懂得中国文学和学术变迁的大概①。

正是在语文教育目标教育化和语文教育目标学科化的论争中，1923年《初级中学国语课程纲要》将课程目标确定为"使学生自由发表思想的能力，使学生能看平易的古书，引起学生研究中国文学的兴趣"。总之，国语课程纲要对"智德"做了调整，更加注重学生对文学的兴趣。

二 外国翻译文学，作为"中国文学"的重要部分

课程目标中确定了"引起学生研究中国文学的兴趣"，但并未进一步诠释"中国文学"的具体内涵。不过，从具体的课程内容规划及"毕业最低限度的标准"中对课外略读书目的划定，可以看出外国翻译文学俨然已经成为中国文学的重要组成部分。

在"毕业最低限度的标准"中《略读书目举例》尤其强调了在小说、戏剧作品中选入外国翻译文学的重要性。小说方面，

---

① 其他从语文学科特色构建教育目标的有：胡适（1920）构想的中学国文的目标为：1. 人人能用国语（白话）自由表达思想，谈话、演说，都能明白通畅，没有文法上的错误。2. 人人能看平易的古文书籍，如《二十四史》《资治通鉴》之类。3. 人人能作文法通顺的古文。4. 人人有懂得一点古古文学的机会。周予同：《对于普通中学国文课程与教材的建议》，《教育杂志》1922年第1期，第1~17页。

书目虽囊括古代说部、翻译小说译本、现代创作小说三部分，但外国翻译文学作品数目远大于中国古代小说和中国现代小说。翻译小说共列出译本 9 种，具体为《侠隐记》《续侠隐记》《天方夜谭》《点滴》《欧美小说译丛》《域外小说集》《短篇小说》《阿丽思梦游奇境记》《林纾译的小说若干种》。与之相对的是，古代小说书目仅 3 种，分别为《西游记》《三国志演义》《上下古今谈》，现代小说书目仅有 1 种，为鲁迅的《小说集》。编者特别强调鲁迅的这部小说集尚未出版，《略读书目举例》中外国翻译小说、中国古代小说、中国现代小说比例为 9∶3∶1。外国翻译小说一枝独秀，一方面与翻译小说的文学成就有关；另一方面，以白话语体为载体的小说形式相较以文言为载体的散文形式更能呈现社会与人生的广阔图景。戏剧方面，书目集中在古代元明清戏曲及西洋剧本两类。西洋剧本可以选择像《易卜生集》（第 1 册）之类，元明清词曲则选择与学生接受程度一致，且其意义不违背教育要求的作品。

在将外国翻译文学作品作为国文课程内容的基础上，课程标准对翻译文学教学方法进行了安排，主要采用精读和略读两种方法。第一段落"精读：传记、小说、诗歌，兼及杂文，语体约占四分之三；取材偏重近代名著。略读：于附表所列书籍内，选读若干种"。第二段落"精读：记叙文、议论文、小说、诗歌、杂文。取材不拘时代。语体约占四分之二。略读：同第一段落"。第三段落"精读：记叙文、议论文、小说、诗歌、杂文，语体约占四分之一。余同第二段落。略读：同第一段落"①。因此，自《初级中学国语课程纲要》颁布后，外国翻译文学开始成为国文课程内容的重要组成部分，由此也展开了外国翻译文学教科书编写的尝试，以及翻译文学教育的探讨和研究。

三 明确外国翻译文学的形式与内容：小说为主，人生修养与社会问题并重

1912年民初《国文要旨》中规定，学生的文学学习主要是学习杂文学。学生不仅需要了解近世文，也需要进一步了解近古文，还需要了解文学史大概。与之相比，1923年《初级中学国语课程纲要（草案）》对文学内容（外国翻译文学内容）和文学形式（外国翻译文学形式）两者均有关注。在三个阶段中外国翻译文学精读和略读教学的要求如下页表2所示。

综上所述，我们可以清晰地看出，这一时期《中学国语课程纲要》中外国翻译文学呈现如下特点。第一，文学（外国翻译文学）内容开始与人生修养及社会问题紧密相连。人生修养方面，初一年级要选择体现勇敢、冒险等品质的选文，初二年级则开始选取冒险、文雅的文章，初三要侧重文雅、贞静的选文。从整个初中学段来看，人生修养在起始年级注重冒险等"动"的

---

① 何慧君、姚富根编《20世纪中国中小学课程标准·教学大纲汇编·语文卷》，人民教育出版社，2001，第274页。

表 2 《初级中学国语课程纲要》（草案）中精读略读分阶段要求[1]

段落	精读	略读
第一段落	(1)语体或日报中记事议论小说等程度相当的文体文，语体约占四分之三。(2)传记，或小说，或诗歌，或古文译作，或杂文。以传记小说诗歌为主。(3)包含勇敢、冒险的事实，关系个人修养或社会问题。	《短篇小说》(胡适)、《点滴》(周作人)
第二段落	(1)语体或与《桃花源记》程度相当的文体文。语体约占四分之二。(2)仍以传记、小说、诗歌为主。(3)包含冒险、文雅等事实，关系个人修养或社会问题的。	《现代小说译丛》(周作人、鲁迅、周建人)、《爱罗先珂童话集》(鲁迅)
第三段落	(1)语体或与《项羽本纪》程度相当的文体文。语体占四分之一。(2)仍以传记小说诗歌为主，加语体文译作。(3)包含文雅、贞静等事实，关系个人修养或婚姻问题、家庭问题、社会问题的。	《域外小说集》(周作人、鲁迅)[2]

资料来源：叶至善、叶至美、叶至诚：《叶圣陶集·第16卷》语文教学4，江苏教育出版社，2004，第6页。

方面，在毕业年级则转变为文雅等"静"的方面。社会经验方面，在起始年级简单涉及社会问题，毕业年级则对社会问题更加侧重，强调这一时期文学应注重社会问题、婚姻问题、家庭问题。从人生修养和社会问题的互动来看，起始年级偏重人生修养，毕业年级注重了解社会问题。第二，整体来看，外国翻译文学语体文和文言文各占一半。其中，初一以语体文为主，以文言文为辅；初二语文各占一半；初三则语体文占四分之一，文言文占四分之三。从整个初中（三年）来看，白话、文言的比重为5:5。外国翻译文学语体也呈现出这一时期的复杂性。中学国文课程内容均罗列了以文言、白话为载体的外国翻译文学，既有白话翻译小说集《短篇小说》（胡适译）、《现代小说译丛》（周作人、鲁迅、周建人译）、《爱罗先珂童话集》（鲁迅译），也有文言翻译小说集《域外小说集》（周作人、鲁迅译）。在语体安排上，也照顾到学生接受程度和学习心理，一般情况下，将白话翻译文学安排在初中起始阶段，文言翻译文学作品集则放到初二、初三相对靠后的位置。第三，文学体裁上以小说为主。《中学国语课程纲要》中已经出现了纯文学的观念，但与小说、诗歌、散文、戏剧等纯文学四分法不同，国语课程纲要中纯文学文体分类较多，包含传记、小说、诗歌、杂文四种。具体到课程文件所列的外国翻译文学书目来看，文学文体并不复杂，主要集中为小说和童话。如《短篇小说》《现代小说译丛》《域外小说集》等均为短篇小说，《爱罗先珂童话集》则为童话作品。

通过这一时期《初级中学国语课程纲要》中对课程内容（翻译文学）的论述，我们不难看出课程内容（翻译文学）的三个重要特点。其一，课程内容从注重实用到注重文学，外国翻译文学开始成为国语课程纲要的重要组成部分。随着五四新文化运动的开展，白话文学、新文化建设也蓬勃展开，课程纲要在延续培养阅读写作应用能力的同时，也注重加强培养学生的文学兴趣。从文体上看，诗歌、小说、戏剧、杂文、传记等成为课程内容的重要组成部分；从时段及国别上看，古代文学、现代文学、翻译文学等一起构成了国文课程内容丰富的面貌。其二，翻译文学的形式和内容，以文学性和社会人生为主。文学内容方面，一方面课程内容注重培育学生的人生修养，从起始年级培养学生的勇敢、冒险精神，到毕业年级培养学生性情的文雅、贞静；另一方面也注重学生对社会的思考，关注社会问题、婚姻问题、家庭问题等。人生修养和社会思考在不同学年侧重不同。一般来说，初一侧重人生修养兼顾社会思考，初三则更侧重社会思考方面。其三，翻译文学的语体。以白话语体为主，兼顾文言。以文言、白话为载体的翻译文学中学国文课程内容均有罗列。初一、初二开列的翻译文学阅读书目均为语体文，具体为《短篇小说》《现代小说译丛》《爱罗先珂童话集》。初三则选择了文言翻译作品集《域外小说集》。可以看到，这一时期外国翻译文学也是从语体文到文言文循序渐进，不断深化的。

四　结语

1919 年，新文化运动带来了新思想新文体乃至新的文学观念的变迁，进而使美感教育思潮得到进一步发展。时代风尚的变化直接影响了 1923 年《初级中学国语课程纲要》的内容规划，其显著特点之一便是外国翻译文学作品开始成为国文课程内容的重要组成部分。在国文这种基础学科中，之所以能将"蛮夷"的文学作品纳入被视为"龙的传人"的内容体系当中，一方面得益于文学观念的变迁，从杂文学转变为纯文学，文学观念的变更为课程内容吸纳外国翻译文学作品提供了可能；另一方面也搭了白话文发展的便车，课程内容从文言向语体的转变过程中，白话语体更容易通过汉语翻译来容纳外来新词汇，也较容易体现外国作品中语法关系重叠、逻辑结构严谨的西语表述特征，还能够顺利地展现外国小说作品中人物内心活跃的思维过程，更适宜描写现代社会。人们对语体文的重视为外国翻译文学作品成为课程内容的组成部分提供了方便；最后，课程内容的主题从之前的国民塑造到这一时期更加关注社会问题，"例如文学革命问题讨论集，社会问题讨论集等"[1]，主题的转化为其他选文进入课程内容提供了潜在的可能。随着课程标准的正式颁布施行，外国翻译作品成为国文课程内容的重要组成部分。从 1920 年到 1928 年，这一时期选入外国翻译作品的教科书共计 6 套，分别为：《白话文范》（洪北平等，1920）、《初级中学国语文读本》（孙俍工等，1923）、《新学制国语教科书》（周予同等，1923）、《新中学教科书初级国语读本》（沈星一，1924）、《现代初中教科书国文》（庄适，1924）、《初中国文读本》（北京孔德学校，1926）[2]。选文总共 1077 篇，其中外国翻译文学 153 篇。

---

[1] 何慧君、姚富根编《20 世纪中国中小学课程标准·教学大纲汇编·语文卷》，人民教育出版社，2001，第 276 页。

[2] 六套教科书中，官方教科书为四套，分别为：《初级中学国语文读本》（孙俍工等，1923）、《新学制国语教科书》（周予同等，1923）、《新中学教科书初级国语读本》（沈星一，1924）、《现代初中教科书国文》（庄适，1924）。另外两套为教辅资料，分别为：《白话文范》（洪北平等，1920）、《初中国文读本》（北京孔德学校，1926）。虽然教科书与教辅用书地位不同，但是从数据的层面仍然体现了当时外国翻译文学整体面貌。

第二节 "国语纲要"前后初中国文教科书中外国翻译作品

"国语纲要"前后时期，指的是从1919年新文化运动兴起、1923年《初级中学国语课程纲要》颁布，到1929年《初级中学国文暂行课程标准》颁布之前的这段时间。在这近十年间，学段的划分和文学观念均发生了改变。就学段来说，1921年之前学制设制仿照日本的方式，不存在初中的学段或称呼，中学统一为四年；1922年的新学制开始学习美国，中学才开始施行初高分段，分别在各地推行，有三三、四二、二四的不同分段方式。就课程文件来看，初中为三年。从文学观念来看，1919年，新文化运动带来了新思想、新文体乃至新的文学观念的变迁，进而使审美教育思潮得到了进一步发展。时代风尚的变化直接影响了1923年《初级中学国语课程纲要》的内容规划，最显著的一个特点便是外国翻译文学作品开始成为国文课程内容的重要组成部分。在国文这样的基础学科中，"蛮夷"的文学作品却被纳入视为"龙的传人"的内容体系当中。随着课程标准的正式颁布施行，外国翻译作品作为国文课程内容的重要组成部分，伴随教育转型的持续进行，教科书中外国翻译作品更加普遍，面貌也更加多样。

一 比重：从 2% 到 14%，外国翻译文学初次入选

1920 年前后教科书中外国翻译文学呈现出与以往迥然不同的面貌。从 1902 年《钦定中学堂章程》颁布到 1920 年，中学国文教科书共选入了 2229 篇选文，基本上都是古代作品，以文言语体为主。外国翻译作品也仅仅是知识类选文，文体以论说为主，所占比重为 2.2%。具体情况见图 1。

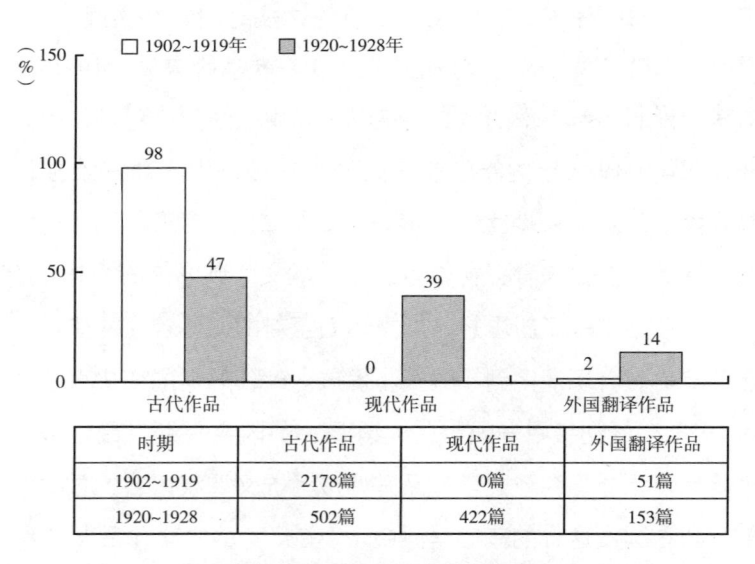

时期	古代作品	现代作品	外国翻译作品
1902~1919	2178篇	0篇	51篇
1920~1928	502篇	422篇	153篇

图1　1920 年前后教科书中外国翻译作品选文比重变化
资料来源：郑国民：20 世纪中学语文教科书文学类选文库。

这种局面一直维持到 1920 年《白话文范》选入外国翻译文学作品开始，才发生巨大变化。1920 年之后，6 套教科书共选入

选文 1077 篇，其中外国翻译作品 153 篇，所占比重为 14.2%。聚焦到外国翻译作品内部，1920 年之后最显著的特点为外国翻译文学开始入选，具体情况见图 2。

时期	小说	诗歌	戏剧	散文
1920~1928年	127篇	5篇	1篇	10篇

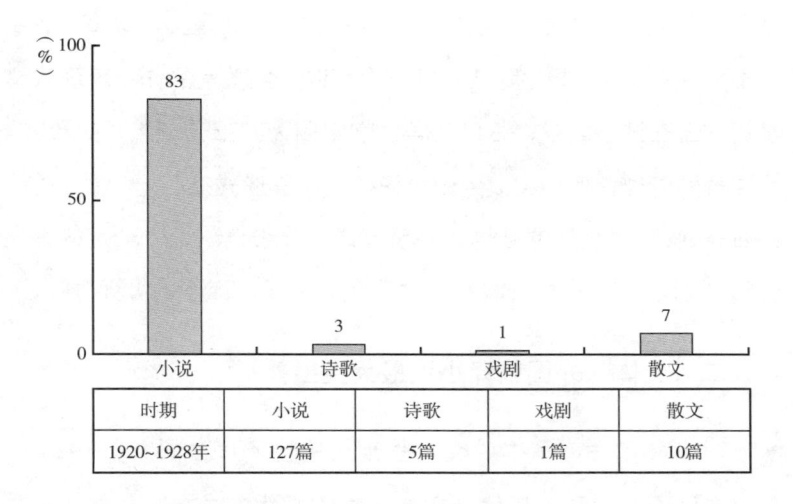

图 2　1920 年后教科书中外国翻译作品选文的文体分布

注：10 篇应用文体的外国翻译作品未进行分析。
资料来源：郑国民：20 世纪中学语文教科书文学类选文库。

纵观这一时期外国翻译作品的文体构成，我们不难发现外国翻译文学占绝大多数，其中小说所占比重为 83%，小说、诗歌、戏剧、散文等文学文体比重总共占外国翻译作品的 94%。

外国翻译文学作品进入教科书与 1920 年前后众多国文教育研究者群体的推广不无关系。从当时国文教育研究者所发表的论述来看，一方面是呼吁文学教育内容要紧随世界潮流而变化，如孙本文认为文学教育内容应该调整为写实主义、理想主义的文学作品，因为"从世界文学发展的趋势来看"，"注重写实主义"是针对我国"科学幼稚，人群昏昧"而提出的，提倡理想文学则是为了救治"吾国民理想窒塞"[①]；另一方面是文学教育内容中外国翻译文学在思想性和艺术性方面可以起到救荒的作用。现代文学创作还在试验之中，古代文学也常常因为"旧思想""旧形式"需要辨别整理，何仲英谈到旧小说，认为其形式在"抒写的技能"方面有缺憾，"全体的结构"不够严谨，思想也缺乏"一定的人生观"，"意境不高，文情俗恶"，"难免有诲淫、诲盗的批评"[②]。

二 文体：外国翻译小说最为突出

1920年前后教科书中文体呈现出完全不同的面貌。1920年前，中学国文教科书语体为文言，文体方面集中在散文，共入选散文2026篇（包括辑译的外国翻译作品），比重达到91%，这些散文大多为经学文体、实用文体、骈文文体，文体相对应的选文为儒家经典、桐城古文、科举考试文本。在此基础上适当掺入古典诗歌，诗歌共选入203篇，比重达到9%。文体的数据从实证角度验证了黎锦熙的论断，即清末中学以上大多数为"应用的古文"，高中选文大多出自《古文辞类纂》。民国初年选文内

---

① 孙本文：《中学校之读文教授》，《教育杂志》1919年第7期，第1~18页。
② 何仲英：《国语文底教材与小说》，《教育杂志》1920年第11期，第1~14页。

容进一步扩大,除了经籍之外,新增了诗歌,应用古文也从《古文辞类纂》转变为《经史百家杂钞》①。见图3。

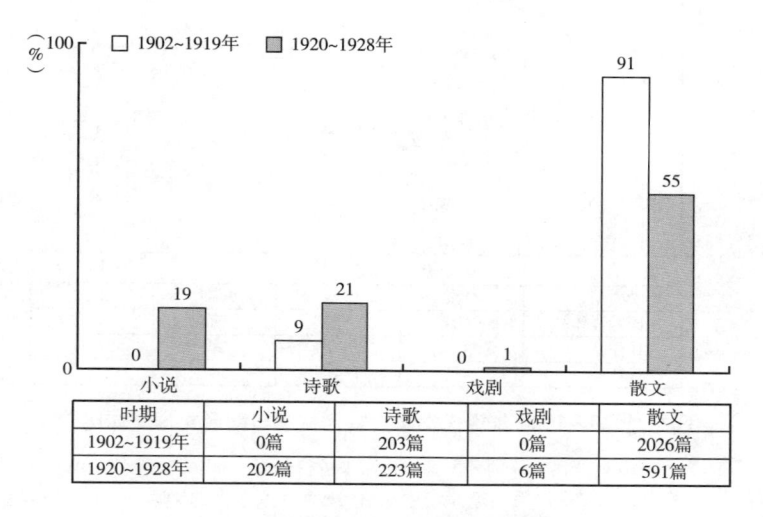

时期	小说	诗歌	戏剧	散文
1902~1919年	0篇	203篇	0篇	2026篇
1920~1928年	202篇	223篇	6篇	591篇

图3 1920年前后教科书选文文体比较

注:1920~1928年应用文占5%,为了便于比较笔者未纳入。
资料来源:郑国民:20世纪中学语文教科书文学类选文库。

1920年之后教科书选入的散文所占比重有所下降,由之前的91%下降为55%,下降幅度明显。与之相对的,诗歌、小说、戏剧比重增加,诗歌从之前9%上升为21%,小说从0上升为19%,戏剧仅有1%。具体到古代作品、现代作品、外国翻译作品,不同部分中诗歌、小说、戏剧的侧重点也不相同。如图4所示。

---

① 黎锦熙:《三十年来中等学校国文选本书目提要》,《师大月刊》1933年第2期,第1~23页。

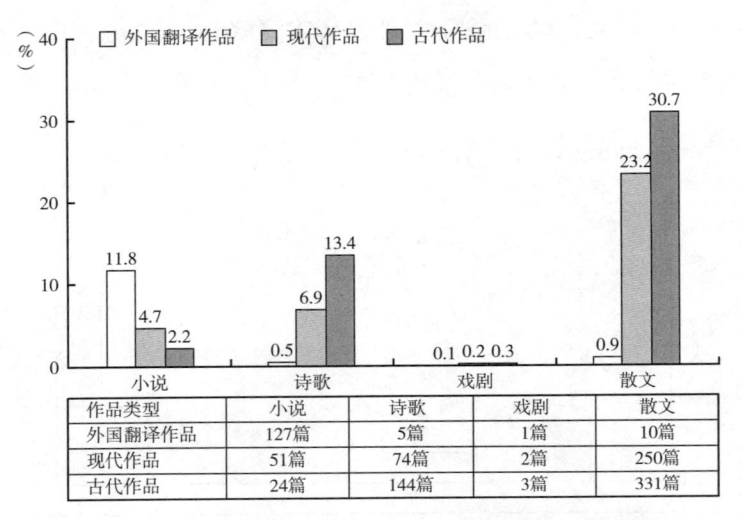

作品类型	小说	诗歌	戏剧	散文
外国翻译作品	127篇	5篇	1篇	10篇
现代作品	51篇	74篇	2篇	250篇
古代作品	24篇	144篇	3篇	331篇

图4　1920~1928年现代文学、古代文学与翻译文学文体比较

注：10篇应用文体的外国翻译作品未进行分析。
资料来源：郑国民：20世纪中学语文教科书文学类选文库。

从图中可以看出，就外国翻译文学来说有以下特征。第一，小说文体方面，外国翻译小说最为突出。与现代小说、古代小说比重的4.7%、2.2%相比，外国翻译小说所占比重达到11.8%。第二，诗歌文体方面，外国翻译诗歌所占比重最少，古代诗歌最为显著。与翻译诗歌、现代诗歌所占比重的0.5%、6.9%相比，古代诗歌比重达到了13.4%。第三，散文文体方面，外国翻译散文所占比重最少，古代散文占比最为突出。与翻译散文、现代散文比重的0.9%、23.2%相比，古代散文比重尤为突出，达到了30.7%。第四，戏剧文体方面，外国翻译戏剧略少于现代戏剧、古代戏曲。外国翻译戏剧所占比重为 0.1%，略低于现代戏剧、古代戏曲的 0.2%、0.3%。总的来说，1920 年之后文学文体由之前的实用文体和诗歌文体并存，转变为纯文学文体（诗歌、小说、散文、戏剧）和应用文体并存。就翻译文学而言，与古代文学、现代文学相比，占比最为突出的是小说文体方面。

　　教科书中外国翻译小说占据主流与 1920 年前后国文教育研究者们的大力推广有关。胡适最早提倡翻译文学应进入国文课程，同时也意识到翻译小说在文体形式和内容上的突出特点，他提倡学生阅读白话翻译小说、文言翻译小说。文言翻译小说方面，他列举了林纾、朱树人的翻译作品，如《茶花女遗事》《战血余腥记》《撒克逊劫后英雄略》《十字军英雄记》《稽者传》[①]；白话翻译小说方面，他将《侠隐记》《续侠隐记》（均为大仲马著，伍光建译）列入教科书选文范围[②]。在《略读书目举例》中，外国翻译小说被选入课程内容的做法遭到质疑。参与课标制定的专家朱经农（1924）在《教育杂志》中以讨论的形式阐明了自己的观点，他认为大多数中学生看小说，只是"从前是偷偷地看"，而小说成为课程内容之后，"现在是公开地阅读"，好处在于公开之后"教员就可以指导"，让学生从"文

---

① 胡适：《中学国文的教授》，陈独秀、李大钊、瞿秋白主编《新青年·第 8 卷》，中国书店出版社，2011，第 12~21 页。
② 胡适：《中学国文的教授》，陈独秀、李大钊、瞿秋白主编《新青年·第 8 卷》，中国书店出版社，2011，第 12~21 页。

学眼光去辨别小说的好坏"。因此，他主张略读书目中应加入外国翻译小说，但要选其精华，对新小说要加以选择，"把有文学价值的介绍给学生看"，同时也要去其糟粕，在整理的基础上删去不适合的地方，并且加上"新标点，细分段落，另行出版"[1]。在该讨论中，他还从外国翻译小说延伸到文学教育应如何处理中国古书和西洋文学的关系，他认为中国传统古书和外国文学作品都可以使学生获得文学的陶冶。

三 风格：激昂慷慨，并且体现转型期寻求发展的内心焦虑

清末国文教科书中的传统古典作品更多呈现的是"圆熟简练，静穆幽远"的文风，但是新文化运动后中学教科书中外国翻译文学转为"铺张扬厉、激昂慷慨"的现代文风[2]。这一时期，初中国文教科书中外国翻译文学的风格可通过这一时期经典外国翻译作品选文来把握。研究者选取了本时期选文次数排在前21位的外国翻译文学作品，这些选文至少入选两次以上，它们分别为《一件美术品》《我的学校生活一断片》《黄昏》《卖国的童子》均有三次入选，《智识阶级的使命》（爱罗先珂著，李小峰等）、《战俘》

---

[1] 朱经农：《对于初中课程的讨论（五）》，《教育杂志》1924年第4期，第1~6页。
[2] 耿传明：《决绝与眷念清末民初社会心态与文学转型》，复旦大学出版社，2010，第9页。

(莫泊桑著，章益译)、《鱼的悲哀》(爱罗先珂著，鲁迅译)、《狭的笼》(爱罗先珂著，鲁迅译)、《晚间的来客》(库普林著，周作人译)、《航海》、《三问题》、《珊格尔夫人自叙传》(珊格尔夫人著，周建人译)、《天演论》(赫胥黎著，严复译)、《最后一课》等选文入选次数均为两次。如图5所示。

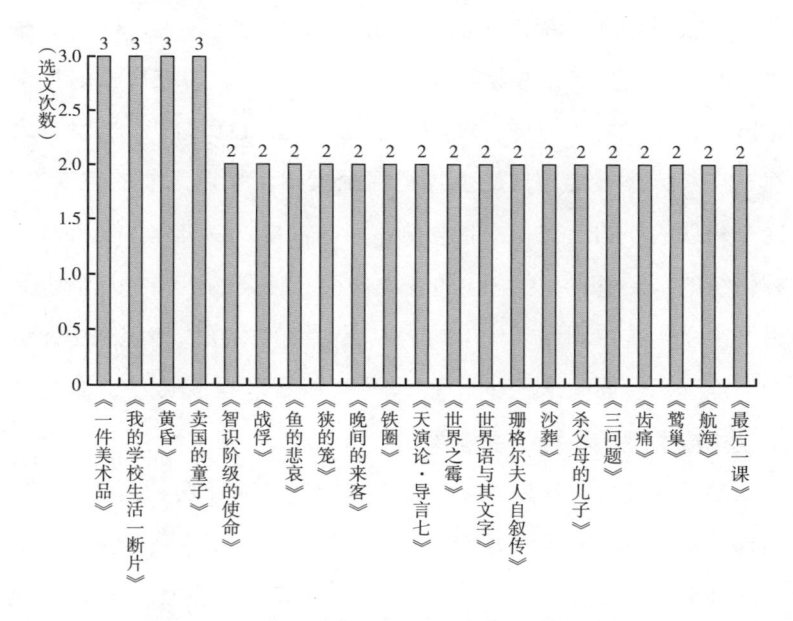

图5 1920～1928年中学国文教科书中的经典外国翻译文学作品选文

资料来源：郑国民：20世纪中学语文教科书文学类选文库。

这种激昂的现代精神首先体现在对时间叙事的重新建构上。传统的时间叙事大多为尚古的历史循环论，而在这一时期的外国翻译作品中，则开始推崇具有进化意识的历史观。如《天演论·导言七〉、《天演论·导言一》、《世界之霉》（普路斯著，周作人译）。《天演论·导言一·察变》刻画了自然、人类社会竞争的严峻性，"怒生之草，交加之藤，势如争长相雄"，"天演"之下"物竞""天择"①；《天演论·导言七·人事与天行》则强调人应该有所作为，不断积累，精诚合作，则可以蔚然成国，"以一朝之人事，闯然出于数千万年天行之中，以与之相抗，或小胜而仅存，或大胜而日辟"。进化论思想在民国时期影响巨大，如"野火一样，燃烧许多少年人的心和血"②；《世界之霉》中将人类社会与自然生物霉菌相模拟，强调竞争的重要性。这一时期的外国选文，主张竞争，强调人事，以进化论世界观一扫传统的"平和"③观念，转变为冲突、壮美的风格。从清末到民国、从传统中国到现代中国，中国已经开始摆脱传统束缚而走向充满理想、面向未来的"现代性"旅程。摆脱传统、面向未来也构成了现代精神的主旋律。

昂扬的现代精神还体现在对少年、童年的咏叹。选文中少年活动都围绕着当时新教育的空间如学校，或者新生活的空间如街道展开。如《我的学校生活一断片》从盲人儿童视角去透视成人世界、教育世界的权力运作。盲人儿童对自己在盲校接受的有

---

① 周予同等编《新学制国语教科书》第2册，王云五等校订，商务印书馆，1923，第58~60页。
② 胡适：《四十自述》，岳麓书社，1998，第40页。
③ 鲁迅：《坟 热风 呐喊》，《鲁迅全集·第1卷》，人民文学出版社，2005，第65~121页。

关人种优劣、阶级区别的教育时刻保持怀疑。他怀疑教师的教育，呼吁"不要相信我们先生的话"，更怀疑一切掌权者，"一切的握权者，我都怀疑"①。梭罗古勃的《铁圈》充满了纯真的气息，叙述的是一位在工厂中工作的老人向往童年的故事。一次偶然的机会老人看见儿童玩圈，萌生童心，于是捡起木桶的旧圈在清晨的林地独自玩耍，宛如回到童年。在传统"长幼有序""父为子纲"的伦理秩序中，儿童地位卑微，"小儿""孩童""小大人"的称呼明显是从成人视角去看儿童的②。只有经过五四新文化运动对传统礼教的批判，具有现代意义的人才会觉醒，才会有儿童真正的发展。

　　昂扬的现代精神还表现在对于现代国家、民族凝聚性的呼唤。以《卖国的童子》《最后一课》两篇选文为代表，两篇选文中一篇警惕卖国行为，另一篇则强调爱国。《卖国的童子》刻画了卖国儿童司当纳的形象，在大孩子的笼络下他参与了贩卖法国情报的活动，这直接导致了法国军队的失败，故事的结尾在司当纳内心忏悔和其父上阵杀敌赎罪中结束。《最后一课》刻画了在即将被德国占领的法国阿尔萨斯地区，被割地的屈辱让小弗朗士从调皮的孩子成长为懂得民族语言重要的学

---

① 周予同等编《新学制国语教科书》第1册，王云五等校订，商务印书馆，1923，第77~83页。
② 刘晓东：《中国传统文化中的儿童观及其现代化》，《学前教育研究》1994年第4期，第8~11页。

生,(也)让法语老师韩麦尔在最后一节法语课仍坚守自己的讲台。教科书中入选爱国主题的外国翻译文学作品,一方面是当时民族救亡、追求国富民强的内在要求,另一方面也是社会本位、群体意识的体现。

现代精神除了激昂慷慨、青春希望,呼唤国家与人民的凝聚力之外,还充斥着一种转型期寻求发展的内心焦虑。五四时期被新文学影响的教科书编者们抱着人道主义的理想,开始在教科书中选入大量的外国翻译作品,这些作品以写实的方式呈现出人生与社会的各种问题。在一个社会结构转型期,新旧文化碰撞,人的内心失衡,各种矛盾问题在此汇聚,各种问题亟须回答。"礼教问题""文学改革问题""国语统一问题""女子解放问题""贞操问题""婚姻问题""父子问题"[①],这些问题与人生关系巨大,"研究社会人生切要的问题最容易引起大家的注意"。《狭的笼》《一件美术品》《杀父母的儿子》反对礼教的束缚,《狭的笼》笼子本身就是束缚的象征,而小说中老虎一直渴望抗争,为大众谋求自由;《一件美术品》讲述一个反对礼教、重新审视礼教的主题。作为酬谢的美术品,在固守礼教的人们那里却难以为人欣赏。《杀父母的儿子》更是颠覆了传统中国文化中亲子之间"孝"

---

① 沈星一编《新中学教科书初级国语读本》第3册,黎锦熙、沈颐校,中华书局,1925,第83页。

的伦理秩序，儿子乔治路易做了离经叛道杀害父母的事，"子女受了侮辱，被人蹂躏"，"是要复仇的"[①]。五四新文化运动对传统伦理的批判，也随之解构了传统女性"男主女从""男动女静"的刻板印象，以及传统包办婚姻的合理性。传统宗法制度下妇女形象及婚姻方式成为现代性塑造的负面符号，新文化背景下在对传统旧女性进行批判的同时，也尝试建构一种追求自由平等的新女性形象。以《珊格尔夫人自叙传》《黄昏》两篇选文为例，《珊格尔夫人自叙传》中知识女性栅格尔夫人为了自己的节育目标进行社会活动的形象，《黄昏》中底层劳动妇女被蹂躏的形象，都是传统文学作品中不多见的。《晚间的来客》《沙葬》《齿痛》皆关注人生的问题，《智识阶级的使命》《世界语与其文学》都探讨国语发展的问题。限于篇幅，研究者不再一一赘述。

如果说外国翻译作品选文在某种程度上体现了社会转型下的焦虑的话，那么《航海》《三问题》《鱼的悲哀》等选文则希望通过宣传人道主义、彼此关爱来缓解这种苦闷。屠格涅夫《航海》便是一个关于"人与动物之爱"的故事。浩瀚大海间人类的渺小，旅程中内心的寂寥，倍感孤单的"我"却发现猴子与人可以彼此依靠，那是因为"我们都是同一个母亲的孩子"[②]。

[①] 王云皋：《国文评选》第1集，亚东图书馆，1930，第15页。
[②] 洪北平、何仲英编《白话文范》第2册，商务印书馆，1920，第45~46页。

而托尔斯泰的《三问题》更多关注我们应"关爱身边的他人"。小说以谜语开头,"做每件事情的最好的时间是什么?与你共事的最重要的人是谁?任何时候要做的最重要的事情是什么?"①,最后的谜底以"格言"作为结尾:"当下是最重要的时间","最重要的人"便是"当下与你在一起的人","最重要的事情"便是"使你身边的那个人快乐"②。《鱼的悲哀》是在寒冷中通过忍耐,以及关爱他人来期盼春天的童话。其实,这一时期提倡彼此关爱并非教科书编者的独创,而与当时人道主义思潮影响有关。五四新文化运动的旗手们,无论是李大钊还是鲁迅都主张人类之爱,"我能爱人,人必爱我","博爱的生活,是无差别的生活,是平等的生活,在'爱'的水平线上,人人都立于平等的地位,没有阶级悬异的关系"③,"觉醒的人,此后应将这天性的爱,更加夸张,更加醇化"④。

四 经典性与多样性:经典作家突出,外国翻译文学国别多样

新文化运动时期也在建构这一时期经典外国翻译文学作品及

---

① 洪北平、何仲英编《白话文范》第3册,商务印书馆,1920,第106~112页。
② 同上。
③ 李大钊:《双十字上的生活》,李大钊:《李大钊文集(下)》,人民出版社,1984,第96~98页。
④ 鲁迅:《我们现在怎样做父亲》,郜元宝:《鲁迅精读》,复旦大学出版社,2005,第265~272页。

其经典外国文学作家。教科书中经典外国翻译文学作家，其作品首先应该具有特色鲜明的文学色彩，并且要具有一定的影响力，同时在译者、文学评论者的不断诠释中获得经典文学作家地位，文学作家被不断经典化最终获得经典文学作家的地位。从经典文学作家到成为教科书官方知识中的经典选文作家，一方面需要其作品能够适合中学生身心阅读的需要，另一方面也需要符合国语文学科发展需要，同时还需满足社会的需求。只有符合学生、学科、社会需求作家的选文才会被教科书接受，作品经过编者选入后，选文作者也才有可能成为经典选文作家。1928年之前，研究者选取的作家入选次数大多在3次以上。我们可以看到，1920~1928年中学国文教科书中，爱罗先珂作品入选15次，都德、莫泊桑、托尔斯泰、契诃夫作品也多次入选，分别为9次、8次、7次、7次，其余12位作家选文各入选3次。这一时期经典作家如图6所示。

在这些经典外国作家中，有的经典作家其作品呈现多元化特征，以爱罗先珂为例，作品文体有以下几种分类。第一，儿童文学，如《鱼的悲哀》（2次）、《池边》（1次）、《狭的笼》（2次）、《时光老人》（1次）、《我的学校生活—断片》（3次）、《恩宠的滥费》（1次）。第二，富有文学色彩的演说词，如：《世界语与其文学》（2次）、《智识阶级的使命》（2次）、《春天及其力量》（1次）。这些作品主题往往与学校生活、追求自由、人道主义、号召知识阶级的努力、推广世界语有关；也有的经典作家作品呈现类型化特征，如都德的作品《最后一课》《卖国的童子》《柏林之

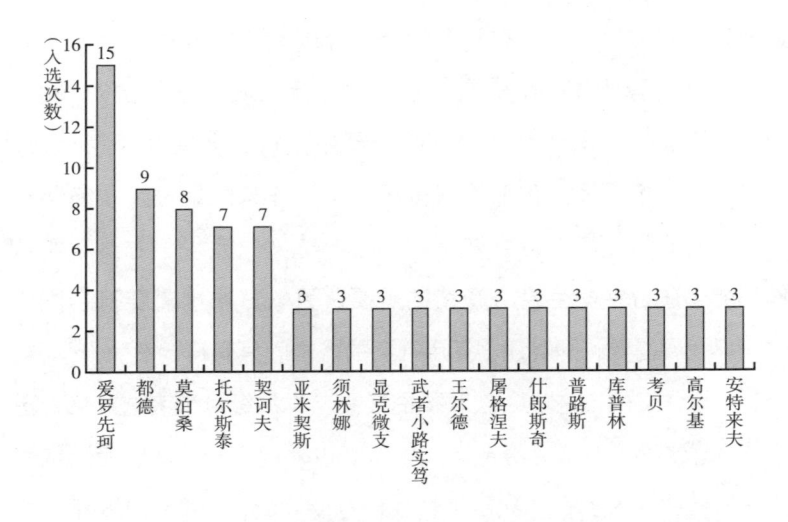

图 6　1920～1928 年中学国文教科书中的外国翻译文学经典作家

资料来源：郑国民：20 世纪中学语文教科书文学类选文库。

围》《渡船》主要为普法战争主题的小说，赫胥黎的作品《天演论·导言一》《天演论·导言七》则与进化论思想相关。

这一时期外国翻译文学在突出经典作家的同时，也囊括了众多国家的众多作品。如图 7 所示，共有 23 个国家的作品被选入。其中俄罗斯、法国、日本、波兰、英国的选文数占据前五位，分别为 49 次、30 次、15 次、10 次、8 次。在这 23 个国家中，既有西方发达资本主义国家，如俄罗斯、法国、英国、美国、德国、意大利以及日本；也有在东欧、北欧、亚洲、非洲的弱小国家，如波兰、南非、瑞典、保加利亚、挪威、希腊、阿拉伯等。如图 7 所示。

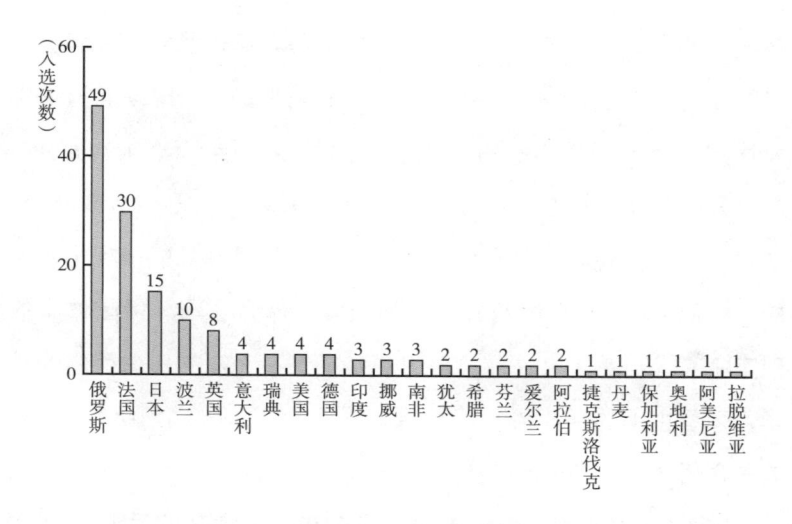

图 7　1920～1928 年中学国文教科书中不同国别入选翻译文学数量

资料来源：郑国民：20 世纪中学语文教科书文学类选文库。

这一时期中学国文教科书中外国翻译作品一般来自发达资本主义国家和弱小国家。以《新学制国语教科书》为例，这套教科书共入选 14 个国家 37 篇外国翻译作品，其中发达资本主义国家的翻译作品共 22 篇，俄国 9 篇，法国 5 篇，英国 4 篇，美国 3 篇，德国 1 篇；弱小国家作品 15 篇，其中新犹太、希腊、瑞典各 1 篇，南非 3 篇，芬兰 2 篇，丹麦 2 篇，波兰 4 篇，保加利亚 1 篇。《初级中学国语文读本》（孙俍工、沈仲九，1922）共入选 17 个国家共 77 篇外国翻译作品，其中发达资本主义国家作品居多共 56 篇，俄国 25 篇，法国 12 篇，日本 12 篇，德国 3 篇，英国 2 篇，美国 1 篇，意大利 1 篇；弱小国家共 21 篇，波兰 5

篇，瑞典、印度各3篇，挪威、爱尔兰各2篇，犹太、希腊、拉脱维亚、捷克、阿美尼亚各1篇。总的说来，这一时期教科书中发达国家外国翻译作品占据主流，尤其以俄国、法国作品为多数，同时弱小国家翻译作品也成为教科书选文的重要组成部分。教科书选文面貌与当时文化刊物译介外国翻译作品的情况相互照应，《新青年》等介绍新文化的刊物集中译介法国、俄国作家的现实主义、自然主义作品，鲁迅更加关注东北欧被压迫民族的文学，茅盾主编的《小说月报》专门出版了"法国文学研究""俄国文学研究""被损害民族文学号"等专号。

"发达国家"和"被压迫民族"，在语言命名背后其实存在着对世界秩序的分类。社会生活充满不同的分类，社会分类并不是客观中立的，而是诸多权力搅和在一起造成的，归根到底是人在创造分类、接受分类及享用分类。"发达国家"的命名背后蕴含着在西方冲击、东方回应下国人对西方民主、科学、自由、自治的向往，及对外国文学先进的表达方式的借鉴。"被压迫民族"命名背后体现了中国民族意识的兴起，一方面通过这些国家的文学作品认同中国被殖民的境遇，另一方面试图改变现状进行反抗。鲁迅早在1907年所著的《摩罗诗力说》中就已开始介绍波兰作品，因为那时"满清宰华，汉民受制，中国境遇，颇类波兰"①。

---

① 鲁迅：《且介亭杂文 且介亭杂文二集 且介亭杂文末编》，《鲁迅全集·第6卷》，人民文学出版社，2005，第368页。

1921年《小说月报》推出"被损害民族"的文学专号,在其《引言》中详细阐述之所以引荐被压迫民族文学,一是因为其"求正义求公道的呼声"是"不带强者色彩的人性";二是因为这些民族"被损害而向下的灵魂"与身处"不合理的传统思想与制度"的国人产生了共鸣;三是因为这些民族"被损害而仍旧向上的灵魂"也激发了国人在黑暗中寻求光明的信心[1]。在对世界秩序"发达国家""被压迫民族"分类中,社会分类最根本的核心在于将自我与他者之间的差别进行区分,进而建构"同类"与"异类"、"自我"与"他者",最终来实现并且巩固自我身份的认同。

五 结论

1920~1928年,六套初中国文教科书153篇外国翻译作品选文的面貌,其本质上是不同文化语境下这一时代教科书编者对教育思潮、课程标准感知理解后的产物。这里面至少有多个要素对教科书中外国翻译作品入选产生着作用。其一,文化语境。新文化运动以救亡图存为目标,从自由主义立场,依照个人理性,批判传统伦理道德,呼吁采用世界新文化[2]。其二,教育思潮、课程标准的影响。这一时期审美教育思潮对教科书外国翻译文学作品面貌影响最为直接。审美教育思潮的兴起,一方面是教育者们对于国

---

[1] 《引言》,《小说月报》1921年第10期,第1页。
[2] 王凤喈编著《中国教育史(下册)》,福建教育出版社,2011,第86页。

内军阀混战及"一战"局势对民初教育宗旨的重新反思,另一方面与王国维、蔡元培、李石岑等人的推动也有关。1923年《初级中学国语课程标准》更是将外国翻译文学作品纳入法定课程内容之中,扩大了外国翻译文学作品在国文教科书中的传播。其三,编者对课程感知的时代性特征。这一时期,民初共和体制并没有有力地整合社会,社会依旧混乱不堪,但是与国文教育形成了较为良好的互动。在接受过西方文明熏陶及新教育洗礼的知识分子引领下,知识分子群体与社会风气的转变,知识分子群体与政治体制乃至教育部门之间的互动,知识分子群体与当时的出版媒体与国文教育的互动,等等,这些变化使得教科书中外国翻译作品呈现出新的气息,开始关注人生问题,试图以此促使人的觉醒,进而改造社会。同时教科书选文也开始求新求变,这一时期教科书大量选入外国翻译作品,这些外国翻译作品既包括发达资本主义国家,也包括被压迫民族。

第三节 "国语纲要"时期初中国文教科书中外国翻译作品的编选

不同于国语纲要前后时期,国语纲要时期聚焦在从1923年《初级中学国语课程纲要》颁布到1929年《初级中学国文暂行课程标准》颁布之前这段时间。1919年新文化运动带来了新思想、新文体乃至新文学观念的变迁,也促进了审美教育思潮的发展。这直接影响着1923年《初级中学国语课程纲要》的内容规划，最显著的特征之一便是外国翻译文学作品成为国文课程内容的重要组成部分。在课程标准实施背景下，商务印书馆、中华书局等出版社开始进行初中国语、国文教科书的编写。这些教科书一方面遵循课程标准的规划，具有共同的特征，更体现着整个时代的风尚；另一方面，每个编者及其编辑团队各自的认知图式使得他们在编选教科书选文同时，通过筛选、删节、改编等方式对某些选文、某些内容有选择地遗忘，呈现了多样的面貌。为了呈现这一时期教科书的时代特征及多元面貌，研究者选取三套教科书为研究对象，对其外国翻译作品选文课目进行研究。三套教科书分别为：《新学制国语教科书》，周予同等编写，商务印书馆1923～1924年初版；《新中学教科书初级国语读本》，沈星一编，中华书局1924年初版；《现代初中教科书国文》，庄适编，商务印书馆1924年初版。

一 共同特征：教科书外国翻译作品注重艺术价值和现代精神的统一

我们首先看1923年前后出版的两套中学国语教科书的编辑说明。商务印书馆出版的初级中学用《新学制国语教科书》编辑大意为："本书的选辑，以具有真见解、真感情、真艺术，不违反现代精神，而又适合于学生的领受为标准，至于高深的学术文以非初中学生能力所胜概不加入。"① 中华书局发行的《新中学教科书初级国语读本》的编辑大意称:"本书选材,注重下列两个要点:①内容务求适切于现实的人生;②文章务求富有艺术的价值。"② 虽然《现代初中教科书国文》(1924)并未撰写说明,但综观上述两套教科书的编辑大意,我们不难看出这一时期教科书中外国翻译作品的一些特点。其一,形式上注重艺术价值,即文学性;其二,在内容上具有现代精神。

(一)艺术价值:短篇小说占据主流,应用文也开始文学化

两套教科书,除了《智识阶级的使命》《与支那未知的友人的信》《世界语与其文学》三篇选文为演说、书信的应用文之外,其他翻译文学作品皆为小说、散文等文学样式,尤其以小说最为突出。如图8所示。

综观图8所示,三套教科书的外国翻译作品中选入小说的特点,体现在两个方面。第一,小说在教科书外国翻译作品中比重较大。以《新中学教科书初级国语读本》(沈星一,1924)为例,整套教科书总共选入了15篇外国翻译作品,其中小说就选入了12篇(包括传记),所占比重为80%。小说占据主流也体现在《新学制国语教科书》中,该套教科书共37篇外国翻译作

---

① 周予同等编《新学制国语教科书》第1册,王云五等校订,商务印书馆,1923,第1~2页。
② 沈星一编《新中学教科书初级国语读本》第1册,黎锦熙、沈颐校,中华书局,1924,第1~2页。

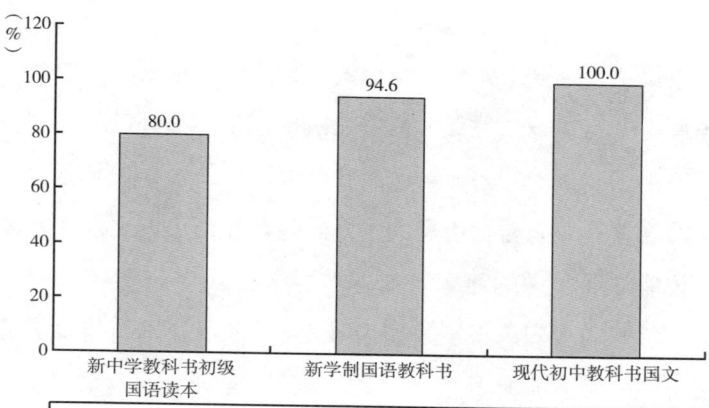

书名	翻译篇目数	小说篇目数
新中学教科书初级国语读本	15	12
新学制国语教科书	37	35
现代初中教科书国文	7	7

图8　1920~1928年三套教科书外国翻译作品中小说的比重

资料来源：郑国民：20世纪中学语文教科书文学类选文库。

品，其中小说选入35篇（包括传记、儿童文学、寓言等），所占比重为94.6%。在《现代初中教科书国文》（1924）中，总共选入7篇外国翻译作品，均为小说（包括故事），所占比重为100%。第二，小说样式丰富，短篇小说、儿童文学特点鲜明。短篇小说是小说艺术价值的集中体现，它摆脱了传统小说从头叙述到尾的"纵剖面"方式，运用"经济的文学手腕"，"描写事实中最精彩的一段或一方面"①。两套教科书所有的小说均为短

---

① 周予同等编《新学制国语教科书》第2册，王云五等校订，商务印书馆，1923，第144页。

篇小说,最为著名的便是都德的作品《最后一课》。小说中,人物形象集中,韩麦尔先生、小弗朗士、两个钓鱼朋友。故事发生的场景也聚焦在一个地点,最后的法语课堂、临刑前的悲惨,对学生产生了心灵的冲击,让学生在阅读小说的过程中思考个人命运和民族救亡之间唇亡齿寒的关系。除了短篇小说之外,儿童文学也较能体现小说的艺术价值,教科书中儿童文学样式颇为丰富。王尔德的《安乐王子》空想唯美,"浪漫派气质与童话的体裁相合"[1];俄罗斯作品如《鱼的悲哀》《同鸡蛋一样大的谷粒》《铁圈》《巨敌》,或以动物寓言形式,或以空想方式着眼于现实人生[2];凡尔纳的冒险小说如《小豪杰放洋记》《荒岛游历记》,充满刺激,强调探险,也扩充儿童的知识;包天笑所翻译的亚米契斯教育小说如《亚美利加之幼童》《雪合战》《医院中侍疾之童子》,这些教育小说中塑造了饱含爱国之情、救国之志的理想少年,并以父子之间的深情来表现无所不在的"爱"和人性的美好。

  文学的艺术价值不仅体现在短篇小说、儿童文学方面,在实用文语体、学术文章方面也呈现出艺术化倾向。这一时期,实用文体已不再是桐城古文的论辩、序跋、箴铭、颂赞、诏令、奏议等文体,而是演说、辩论等适应新时代、传播新精神的实用文体

---

[1] 赵景深:《晨报副刊》1922年3月4日第3版与第4版。
[2] 〔日〕西川勉:《俄国底童话文学》,夏丏尊译,《小说月报》1921年第12期(号外),第211~214页。

样式。胡适在《中学的国文教学》、《再论中学的国文教学》（1922）中强调，演说、辩论是实用教授法，同时也是用活的语言进行的灵活的教授，这种教授法回避了封建教育中价值观的单一性，便于现代精神的大众传播。为了传播新文化精神，在这些实用文本中，语体饱含感情，如爱罗先珂演说《智识阶级的使命》的开头。

> 我从各方面听说中国没有新文学，现在的中国人中没有大诗人，也没有大著作家，最可悲痛的，是缺少领袖，而且只有极少数的人研究或留心去研究文学，这是什么缘故呢？在这四万万人民的国中怎么只有极少数的文学家和喜欢文学的人呢？这件事实是很稀奇的，可是亦很容易解释的。做工作的人没有空闲去学，更没有空闲去研究白费工夫而难见功效的稀奇古怪的中国字。①

毫无疑问，演说应该着眼于政治宣传的效果。第一人称"我"的叙述方式，从一个来自异国的旅行者的所见所闻出发，和听众一起分享其所思所想，在不断的演讲叙述中，听众感受到的是演讲者的责任感。从一个异国旅行者的口中谈

---

① 沈星一编《新中学教科书初级国语读本》第3册，黎锦熙、沈颐校，中华书局（上海），1925，第10~11页。

到中国存在的问题，也着实能够让人更加警醒。除了实用文体之外，即便是文言翻译的学术文章也包含文学色彩。例如："赫胥黎独处一室之中，在英伦之南，背山而面野，槛外诸境，历历如在机下。乃悬想两千年前，当罗马大将恺彻未到时，此间有何景物？"① 译作的文学色彩极其浓厚，包括场景的布置、情节的展开。鲁迅这样叙述自己当时看《天演论》时的情景：一有闲空，就照例地吃侉饼、花生米、辣椒，看《天演论》②。

（二）文学内容：具有现代精神

传统古典文学注重"圆熟简练，静穆悠远"为主的文风，而新文化运动后中学教科书中的外国翻译文学转为"铺张扬厉、激昂慷慨"的现代文风③。这种激昂的现代精神首先体现在时间叙事的重新建构上。传统的时间叙事大多为尚古的历史循环论，而这一时期的外国翻译作品则开始推崇具有进化意识的历史观。如《天演论·导言七》、《天演论·导言一》、《世界之霉》、《文明的曙光》（须林娜著，胡愈之译）。严复翻译的《天演论》强调物竞天择，事在人为，"顾人事立矣，而其土之天行自若也。

---

① 周予同等编《新学制国语教科书》第5册，王云五等校订，商务印书馆，1923，第118~119页。
② 鲁迅：《现代文化名人自传丛书·鲁迅自传》，江苏文艺出版社，2012，第48页。
③ 耿传明：《决绝与眷念清末民初社会心态与文学转型》，复旦大学出版社，2010，第9页。

物竞又自若也"。①《世界之霉》中将人类社会与自然生物霉菌相类比,强调竞争的重要性,霉菌的"两块斑点,黄的与桂黄的,他们正在开战呢"②。这一时期的外国选文,主张竞争,强调人事,在进化论下的世界观一扫传统以来的"平和"③观念,转变为冲突、壮美的风格。从清末到民国从传统中国到现代中国,中国已经开始摆脱传统束缚而走向充满理想面向未来的"现代性"旅程。摆脱传统面向未来也构成了现代精神的主旋律。

昂扬的现代精神还体现在对少年的咏叹上。选文中少年活动都围绕着当时新教育的空间——学校展开,如《亚美利加之幼童》,主人公为保家卫国,慷慨解囊,捐款购买军舰。少年的活动范围并不限于学校,如《小豪杰放洋记》《荒岛游历记》,或在海上冒险,浪迹天涯,或面对复杂的环境,智勇双全,经过艰难险阻,最终得到成长;如《医院中侍疾之童子》,到医院探病,这位少年面对并非自己的父亲,仍然精心照顾;又如《神坛狼厄》,少年面对群狼,镇定勇敢,用火逼退了狼群。这些小说,在各种各样的时空背景下构建

---

① 周予同等编《新学制国语教科书》第 2 册,王云五等校订,商务印书馆,1923,第 59~60 页。
② 周予同等编《新学制国语教科书》第 4 册,王云五等校订,商务印书馆,1923,第 124 页。
③ 鲁迅:《坟 热风 呐喊》,《鲁迅全集·第 1 卷》,人民文学出版社,2005,第 65~121 页。

英勇、智慧的少年形象，这些少年也是"青春希望的修辞符号"①，选文中少年成长也为构建新中国提供了一种值得期待的新方式。

现代精神除了激昂慷慨、青春希望之外，还有一种转型其寻求发展的内心焦虑。众所周知，五四时期被新文学影响的教科书编者们抱着人道主义的理想，开始选入大量外国翻译作品，这些作品以写实的方法呈现出人生各种问题。在一个社会结构转型期，新旧文化剧烈碰撞，人的内心失去平衡，各种矛盾在此聚焦，各种人生困惑亟须解答。"文学改革问题""国语统一问题""女子解放问题""贞操问题""婚姻问题""父子问题"②，这些问题与人生关系巨大，"研究社会人生切要的问题最容易引起大家的注意"。《珊格尔夫人自叙传》《黄昏》《沙漠间的三个梦》（Oli Shrein，周作人译）反映的是妇女婚姻问题；《一件美术品》《库多沙菲利斯》（蔼夫达利阿谛思著，周作人译）则关注反封建反礼教；《安乐王子》（王尔德著，周作人译）、《禁食节》（潘莱士著，沈雁冰译）、《卖火柴的女儿》（安徒生，周作人）反映社会贫困问题；《先驱》（哀禾著，周作人译）、《巨敌》（高尔该③著，沈雁冰译）涉及自由与剥削的问

---

① 梅家玲：《教育，还是小说？——包天笑与清末民初的教育小说》，陈平原等：《教育知识生产与文学传播》，安徽教育出版社，2007，第97~118页。
② 沈星一编《新中学教科书初级国语读本》第3册，黎锦熙、沈颐校，中华书局（上海），1925，第83页。
③ 即高尔基，当时译为高尔该。

题,《齿痛》(安特来夫著,周作人译)、《晚间的来客》与人生、人性问题有关。这些作品之所以被选录就是因为其"注重现实人生"及"时代精神",这些选文从之前重视古代先哲圣贤的遗训转变为把握民众及人类情感的方式,一扫传统文学封建、保守的文化病症。

二 差异特征:三套教科书语体多样化,选文内容价值取向各有侧重

1929年,阮真在《几种现行初中国文教科书的分析研究》一文中,采用比较的方法凸显了《新学制国语教科书》、《新中学教科书初级国语读本》(沈星一,1924)、《现代初中教科书国文》(庄适,1924)三套教科书各自的编选特点。他概括了这几套教科书在语体和内容上的差异,第一,语体差异。《新学制国语教科书》文言白话兼顾,《新中学教科书初级国语读本》均为白话,《现代初中教科书国文》皆为文言。第二,各异的内容。《现代初中教科书国文》较为"偏重道德价值"的层面,而《新学制国语教科书》《新中学教科书初级国语读本》更加侧重人生社会层面,"灌输新思想"。第三,不同的艺术价值。《新学制国语教科书》古文时文、旧诗词剧曲、时人议论、创作文艺、翻译小说面面俱到,扩展了"旧文艺的眼界",《新中学教科书初级国语读本》目的是"提倡新文艺",而《现代初中教科书国文》多选入"古色古

香的诗文"①。

阮真对三套教科书编选特点的揭示，针对的是教科书中所有选文。具体到外国翻译作品选文编写，呈现以下两个特点。其一，语体形式方面，不同教科书语体多样化。三套教科书中外国翻译作品语体特点各不相同，《新学制国语教科书》语体为文言白话兼顾，共入选外国翻译作品37篇，文言语体的外国翻译作品8篇，所占比重为21.6%，白话语体的外国翻译作品29篇，所占比重为78.4%。1924年沈星一编辑的《新中学教科书初级国语读本》与《新中学教科书初级古文读本》白话文言分编，《新中学教科书初级国语读本》是为了弥补古文读本的不足，所选的15篇外国翻译作品皆为白话语体，且倡导新文学，传播新思想。《现代初中教科书国文》所选的7篇外国翻译作品语体皆为文言。其二，文学内容方面，选文内容价值多样化。三套教科书中外国翻译作品所体现的内容价值诉求也各有侧重。《新学制国语教科书》、《新中学教科书初级国语读本》中外国翻译作品多为白话语体，内容价值便倾向于关注人生；《现代初中教科书国文》中语体皆为文言，内容价值便偏重道德层面。《新学制国语教科书》、《新中学教科书初级国语读本》注重讨论人生相关的问题、国语国文发展的

---

① 阮真：《几种现行初中国文教科书的分析研究》，《岭南学报》1929年第1期，第101~113页。

问题，从《劳工神圣》《新生活》《国文之将来》《国语的文学与文学的国语》这些选文题目便可以看出；《现代初中教科书国文》中的外国翻译作品出自异域，大多关注少年成长，洋溢着西式的、现代的、激昂慷慨的、不断发展的风格，但经过晚清包天笑等人的翻译，也用中国化的方式进行了处理，又体现了传统的道德特征。教科书中所选外国翻译作品的人物是中国式的，如《雪合战》中主人公是无意犯错的少年"胜家望"和鼓励知错就改的"张公霖"；作品中的内容价值并没有抵触传统礼法，《亚美利加之幼童》讲述爱国少年的故事，《雪合战》中打雪仗误伤老人的少年"胜家望"在鼓足勇气向老人赔礼道歉后终获原谅，《神坛狼厄》中少年凭借智慧逼退群狼，《医院中侍疾之童子》中童子服侍病重老人的故事，《肉券》则刻画了朋友之情、夫妻之情。总的说来，从1923年到1925年，教科书中的外国翻译作品语体上由文白混合到文言为主，内容价值也由关注人生社会到偏重道德。

三 结论

1923~1928年，中学国文教科书中外国翻译作品的同和异，其本质上是在时代文化语境下教科书编者对教育思潮、课程标准感知理解后的产物，属于编者感知课程的范畴。其中有多个要素对教科书中外国翻译作品的入选发挥作用。其一，文化语境。社会变迁、教育文化转型等共同融汇成了这一时期特有的时代语境。从文化变迁来看，新文化运动时期，白话文学得到提倡，外国翻译文学大量引进，小说成为主流，文学艺术性得到重视，文学关注人生成为社会风尚。从教育转型来看，这一时期三套教科书编者队伍庞大，这些编者分别是周予同、范祥善、吴研因、顾颉刚、叶绍钧、王云五、胡适、朱经农、沈星一、黎锦熙、沈颐、庄适、任鸿隽，他们或是留学日本、美国，或是经过清末新教育培养出来的新型知识分子，或是毕业于北京大学、北京高等师范学校等名校。经过新教育洗礼后的知识分子必然在知识结构、价值观方面不同于传统士大夫，更能接受外国翻译文学作品，更加倾向于西方纯文学的形式及欧化的语体特色，更容易接受西方文学的人本主义精神内涵。其二，教育思潮、课程标准的影响。教科书的编写往往受到教育思潮影响、课程标准的指导、教科书审定后才能出版发行。经过这一时期审美教育思潮的影响，《初级中学国语课程纲要》已经开始接纳外国翻译文学作品为国文课程内容的重要组成部分，这为教科书接受乃至推广外国翻译文学作品提供了制度上的保障。其三，编者的理解感知。随着哲学诠释学的发展，人们逐渐意识到不同的教科书编者对于课程标准的感知理解也会不同。就教科书编者来说，他的知识结构、价值取向、身份构成、同人关系、师生情谊、同学友情、所在出版社的性质、对师生教学的理解等都可能会影响其对课程标准的理解，甚至影响教科书中外国翻译作品的编选。我们仅以《新学制国语教科书》这套教科书的同人团体、文学观念入手，来透视其外国翻译作品选文的独特面貌。以《新学制国语教科书》为例，37 篇外国翻译作品，其中周作人、沈雁冰、胡愈之、耿济之、刘复、胡适翻译的外国作品共计 25 篇，所占比重为 67.6%。值得关注的是，周作人、沈雁冰、胡愈之、耿济之、刘复等译者与教科书编者叶绍钧、顾颉刚均为文学研究会的会员，这些译者作品的入选一方面体现了志同道合者的志趣能够便于自己所译的外国作品入选；另一方面也体现了其文学理念上的接近，即在文学观念上编者和选文的译者都主张外国翻译作品应该是"为人生的文学"，同时也介绍被压迫民族的作品。沈雁冰、胡愈之翻译作品的入选除了文学研究会这一层关系外，他们还是商务印书馆编辑，同事关系、朋友关系也或多或少影响了教科书选文的编选。胡适所翻译的外国作品的入选，与其国文教育专家、国语文学的倡导者、翻译家、本套教材编写的参与者身份相关，体现了编者对自身所翻译的外国作品质量的自信。所以，我们说教科书中外国翻译作品的面貌，是在文化语境、教育思潮、课程标准、编者理解感知等多种因素下建构出来的。在当下教科书选文的编选中，不同教科书选文的面貌，总是能够引起很大的反响。尤其是鲁迅作品的编选，总能够引起社会的讨论，但是在讨论的背后并没有真正从文化语境、教育思潮、课程标准、编者理解感知等多个维度去透视其选文面貌背后建构的过程。

第三章 洞幽知微

外国文学编写细部中蕴含的实践智慧

对教科书选文的研究既要关注宏大叙事，将选文编制与文化变迁、教育思潮、课程文件等外部因素充分互动，在互动中使选文以不断更新的方式回应变化着的教育环境；也要洞幽知微，从选文编制细部观察其如何从社会文本转变为教学文本，民国的教科书编者皆非选文理论思辨家或严密体系构建者，他们多是选文编写的实践家，因此研究者应在细部感受其文字加工处理实践的智慧。

经过选文的编写，外国翻译作品选文从社会文本转变为教学文本。针对这一现象，还可以从课程论和传播学视角来做进一步的透视。自课程论看，外国翻译作品从社会文本（译作）到教学文本（选文），经历了不同课程之间的转换。可分为两个阶段，从教育思潮、教育宗旨到课程标准为第一个阶段，从课程标准到教科书为第二个阶段。自传播学看，这也是一次译作经过加工以教科书为媒介的传播过程。选文传播不仅是作品传播，更是文化传播。一方面是外国作品经过翻译作为译作的传播，接着译作经过编者修辞性编写成为选文的传播；同时还是文化传播。外国翻译作品是世界优秀文化的载体，经过跨语言跨民族跨文化"旅行"，在中国文化土壤上扎根生长，再经由教科书这个特殊的媒介成为外国翻译作品选文。选文在漫长行旅中获得多元身份，它是中国的，因为它被译为汉语；它是外国的——无论其文学样式、思想内涵，还是作者所要表达的情思、所观察的地域都是异域的；它是教育的，当作品成为选文，必然需要考虑其中的教育内涵及其价值。师生正是通过选文的语言特色、表现手法、思想主题等进一步省思其语料、审美、教育、文化等方面的价值。以古代作品、现代作品、外国翻译作品为载体的文化在教科书中碰撞、交融、汇聚，最终形成文化增值现象。正是在上述认识的基础上，研究者需要关注以下问题。国语纲要时期，宏观层面上欧化的时代思潮、审美教育思潮、课程文件中对于文学（包括外国翻译文学作品）的规划、教科书编者的文学理念及同人关系等因素都深刻地影响着这一时期教科书外国翻译文学作品的整体面貌。同时，研究者还需要进一步探索和思考外国翻译作品作为选文自身发展的规律，特别是从微观层面聚焦新文化运动后在审美教育思潮下，外国翻译作品选文如何从社会文本转变为教学文本的，以及在这个过程中，教科书编者是如何对外国翻译作品进行改写与加工的。

第一节　"国语纲要"时期凡尔纳冒险小说的选编与修改

聚焦新文化运动时期语文教材外国翻译作品的文字处理这一研究现象，研究者将针对叶圣陶等编者对凡尔纳冒险小说《十五小豪杰》（梁启超译）的加工改写这一个案展开。这篇小说入选1923年《新学制国语教科书》第2册，学段属民国时期初中一年级。该作品入选的这套教科书为周予同、范祥善、吴研因、顾颉刚、叶绍钧等人编写，并由王云五、胡适、朱经农负责校订。我们接下来将探讨解决如下问题，即编者是如何加工梁启超译作《十五小豪杰》的，以及加工后选文产生了何种教育价值。为解决研究此问题，我们将借助传播学理论展开分析，即将作品从"译作"变为"选文"视作一次传播过程。编者在其所属时代文化的语文教育情境中，根据特定教学目的，以参与语文学习的师生为接受对象，对译作进行有意识的加工处理。这些加工处理包括对译作的加工改写、选文组合，添加导语注释、编写课后练习等，本论文仅关注加工改写这一环节。在此环节中，选文的媒介是课本，传播者是编者，对象则是进行语文学习的师生。

一 入选第一回，删去"怜我怜卿"等韵语，白话、叙事语体登场

1902年2月22日，梁启超根据日文译本《十五少年》（原著为法国作家凡尔纳的《两年假期》）进行翻译，并在《新民丛报》第2号刊载其翻译的《十五小豪杰》部分，这部作品以连载形式陆续发表至1903年年初。作为过渡时期的译者，其译作的语体并不纯粹，如前三回选择通俗语体翻译，自第四回始言文并用，最终完成十八回的翻译工作。为何译者译文从白话始而以文白混杂终？梁启超在第四回《译后语》中谈及翻译过程中语体转换的考量。最初，他决定使用俗语进行翻译，希望译语体能

接近《水浒传》《红楼梦》等传统小说；接下来，他发现用俗语翻译"甚为困难"①，而文俗并用则"劳半功倍"。当然，对于从小便浸淫于文言文世界中且古文功底颇为深厚的梁启超等人来说，以文言进行翻译自然易于以白话语体翻译。同时，梁启超这种"文俗并用"的翻译其实也是时代特征，如同年鲁迅翻译《月界旅行》时，也表达过相似的观点："初拟译以俗语，稍逸读者之思索。然纯用俗语，复嫌冗繁，因参用文言，以省篇页。"②

1923年，新文化运动后周予同、叶绍钧等编者们面对《十五小豪杰》译本的白话及文白兼顾的两种语体，可以采用的有多种加工方式。如他们可以选择前三回的白话语体，也可以选择之后的文白兼顾语体。但是，这些编者们不约而同地选了第一回，这一回全是白话俗语。比如选文中孩子们和武安的对话。

> 那两个孩子里头，有一个年长的，约有十岁，急忙地大声问道："武安，武安，什么事呀?"武安道："没有什么，伊播孙啊，快回去吧，什么事都没有。"那年小的又说道："虽然如此，但我们怕得很呵！"武安道："别怕，赶紧回

---

① 梁启超：《十五小豪杰》译后语（1902），罗新璋编《翻译论集》，商务印书馆，1984，第131页。
② 鲁迅：《鲁迅译文集·第1卷》，人民文学出版社，1958，第4页。

去，坐在床上闭着两只眼睛，这就什么都不怕了。"①

——《第一回·茫茫大地上一叶孤舟 滚滚怒涛中几个童子》

我们不难发现，这一回语体采用通俗的口语，"快回去吧，什么事都没有""别怕，赶紧回去"，读起来与今天的日常口语颇为相似。编者对白话选文的选择与语文教育现代化的发展息息相关。新文化运动之后，白话文运动兴起，文言向白话转变从社会蔓延到语文教育领域。诚如郑国民教授所言："从文言文教学到白话文教学，是我国语文教育发展史上一次深刻而彻底的变革，是传统语文教学向现代语文教学转变的历程，从此，语文教学开始踏上现代化之路。"② 在这样的时代背景下，白话语体成为1923年《新学制国语课程纲要》教育内容的重要组成部分，而且也成为《新学制国语教科书》编者对《十五小豪杰》进行语体选择与文字处理的重要依据。

语体有白话文言之分，同时语体也可以从使用功能角度分为"文艺语体""科技语体"等。在这里研究者使用的"文艺语体"概念则是从语言使用功能层面说的。在译作《十五小豪杰》中，其"文艺语体"并不纯粹，大致有两种语体形式。第一种，注重叙事的文艺语体。它常常使用叙事的形式，只要涉及情节的

---

① 易鑫鼎编《梁启超选集下》，中国文联出版社，2006，第8页。
② 郑国民：《从文言文教学到白话文教学——我国近现代语文教育的变革历程》，北京师范大学出版社，2000，第1页。

发展基本上都是使用这种叙事的文艺语体。简洁明了，详略得当，如"西历1860年3月9日。那晚满天黑云，低飞压海，濛濛暗暗，咫尺不相见"。第二种，注重抒情的文艺语体。它常常使用韵语、诗词等形式，含蓄蕴藉，托物言志。在译作《十五小豪杰》的回目部分是对仗的律诗中间的两联，如"茫茫大地上一叶孤舟，滚滚怒涛中几个童子"；在入话部分则是一首词，即"莽重洋惊涛横雨，一叶破帆漂渡"；在结尾部分，则是诗句收尾，如"山穷水尽，怜我怜卿，肠断眼穿，是真是梦"。[①] 叙事文艺语体和抒情文艺语体两种形式相互混杂，构成了社会文本《十五小豪杰》的表述方式。

在译作《十五小豪杰》转变为选文《小豪杰放洋记》的过程中，编者删了《十五小豪杰》中所有的抒情文艺语体，正文中基本不再出现韵语，小说的结尾也不再出现诗词。所有这些改变，都确保了现代小说叙事文艺语体的纯粹性。因为从现代小说形式要求来看，它与诗歌韵语有着清晰的语言表达方式界限。现代诗歌常常是抒情文艺语体，注重寄托，强调韵律，抒发感情。而现代小说则强调叙事清晰，主张运用叙事文艺语体，进行详略得当的讲述。编者有意识地将小说改写为叙事语体，还体现在他对题目的安排上。《十五小豪杰》中的回目"茫茫大地上一叶孤

---

① 〔法〕威尔恩（J. Verne）：《十五小豪杰》，饮冰子、披发生译，上海文化出版社，1956，第1~7页。

舟，滚滚怒涛中几个童子"被改为"小豪杰放洋记"，选文《小豪杰放洋记》中"记"是一种文体，一般与记事、应用相关，语体为叙事语体。

二 "看官""话说"等词的消失，构建现代小说的模式

在传统古典章回小说中，往往有一说书人角色在进行解说，与听众进行不断的交流互动。小说中"看官""话说""闲话休提""且听下回分解"等词常常出现。一般说来，"话说"常在章回小说开头部分，如"话说距今四十二年前，正是西历1860年3月9日"。① "闲话休提"等词则常出现在文章过渡部分，用来作为提示听众情节的转折语，如"闲话休提，却说日过一日，风势越大，竟变成了一个大飓风"。② "看官"一词，说书人常用来引起听众注意。它可在开头，引起听众思考，如"看官！你道这首词讲的是甚么典故呢"[③]；也可在情节与情节之间作为说书人的评论，如"看官！你想这个船在这么大一个太平洋上……"④ 在故事的结尾，说书人通过"且听下回分解"设置悬念，"究竟莫科所见到的是陆地不是？且听下回分解"。⑤ 谜底的

---

① 〔法〕威尔恩（J. Verne）：《十五小豪杰》，饮冰子、披发生译，上海文化出版社，1956，第1~7页。
② 同上。
③ 同上。
④ 同上。
⑤ 同上。

揭开,则在第二回的开篇。

不难发现,"看官""话说""闲话休提""且听下回分解"这些词语皆为传统章回小说中说书体的套路,其设想的文学接受场所是娱乐性的说书现场,理想阅读者是寻求轻松娱乐的"听书人"。说书人使用这些词语的目的在于加强说书人和听众的沟通,一方面可以对读者的阅读进行刺激和调动,另一方面在情节转换过程中也可以将读者对文本的理解引导到说书人自身的表达意图上,帮助读者加深对于小说的理解,也因此减小了阅读理解上的难度。简言之,传统小说基本上是以"说—听"的形式出现,它源于俗讲及其市井说书艺术。之后在拟话本及长篇章回小说等书面语言中,都保留了说书体小说的一个叙事成分,即说书人。

与译作保留传统章回小说套路不同,《新学制国语教科书》编者们将"看官""话说""闲话休提""且听下回分解"等模拟说书人解说的部分全部删去。这些词语的消失,背后透露着编者对于现代小说的认识,即现代小说不是"说—听"模式而是"写—看"模式,这种认识有其时代背景、教育发展的合理性。1923年《新学制国语课程纲要》颁布之后,小说观念发生转变。现代小说观念受西方小说艺术观念冲击,小说被视为文学创作,更注重抒发个人主观感受,而并非讲讲有趣故事的"说书",面对的读者也是受"'新教育'的青年学生"[①],而非大字不识的

---

① 陈平原:《中国小说叙事模式的转变》,北京大学出版社,2010,第266页。

市井百姓。小说从传统"小道""娱乐性消遣"脱身为个人本位的内在反思性"自我"。在书面创作中,作家不再采用传统小说"听—说"样式,而采用现代小说"写—看"形式。在"写—看"样式中,作者不须考虑"听众"心理,可以专注于创作,展示故事的种种细节,或进入人物内心世界、揭露人物性格的复杂面等。"写—看"这种现代小说模式,对于读者而言,便从"听"这种注重说书人听众的情感交流转变为"看"这种理性的阅读思考。在"看"的过程中,读者必须依靠个人的阅读展开思考。

同时,现代小说注重情节"开端—发展—高潮—结局"的完整性。从这个层面来看,"且听下回分解"的做法对于现代小说形式而言,意味着对小说情节高潮和结局部分的割裂。为此,编者加工改写便针对这种割裂对译作重新进行组织。他将小说第一回的悬念部分和第二回的开篇谜底部分完全打通,使得小说的情节具有完整性。经过加工改写的教学文本,在情节上从遇到危险开始,接着写战胜危险,最后到看到陆地。因此,教学文本完整地展现了十五小豪杰与大自然尤其是海洋进行搏斗的情节。自此,选文符合小说故事"纵剖面"[①]的完整性,又为小说文学内容、文学形式的编写及其教学提供了可能性。故事情节的完整

[①] "纵剖面"这一概念与胡适短篇小说的"横剖面"相对,"纵剖面"是从头到尾,囊括全部;"横剖面"是选取最精彩的部分,以部分代表整体。见胡适:《论短篇小说》,季羡林编《胡适全集·第1卷》,安徽教育出版社,2003,第124~136页。

性，也更加张扬着十五小豪杰在与大海惊涛骇浪搏斗中体现的冒险精神及英雄主义。白葰在《〈十五小豪杰〉序》中指出这种冒险精神的提倡其更深层次的动机可以开启民智，"有独立之性质，有冒险之精神，而又有自治之能力是也"，这些是"我国民之缺点也"，目的是"吸彼欧美之灵魂，淬我国民之心志"[①]。

三 新文化运动时期编者的文学观念、知识结构影响选文的加工改写

这一时期，《新学制国语教科书》编者对选入的梁启超作品《小豪杰放洋记》进行加工改写，这与教科书编者的知识群体观念和心态紧密相连。本套教科书编者和参与校订者共8位，见表1。

综观上述教科书编者，我们不难发现这些编者或是留学海外，如胡适、朱经农均为中国公学同学并且都留学美国哥伦比亚大学；或是经过清末新教育培养出来的新型知识分子，如王云五有教会学校学习经历，叶绍钧中学毕业，吴研因毕业于师范学校，周予同、顾颉刚都毕业于北京高等师范学校、北京大学等名校。经过新教育洗礼后的知识分子必然在知识结构、价值观念方面不同于传统士大夫，而是带有西方个人主义特点。在外国翻译

---

① 郭绍虞、罗根泽编《中国近代文论选》，人民文学出版社，1959，第238页。

表1　《新学制国语教科书》教科书编辑人员情况概览

姓名	籍贯	学历	新文化运动参与者	文学研究者	国文教育研究者	编辑	文学翻译家	国文教员
周予同	浙江瑞安	北京高等师范学校	是	否	是	是	否	是
范祥善	不详	不详	是	否	是	是	否	否
吴研因	江苏江阴	上海龙门师范学校	是	否	是	是	否	是
顾颉刚	江苏苏州	北京大学	是	是（文学研究会）	否	是	否	否
叶绍钧	江苏苏州	苏州公立第一中学堂	是	是（文学研究会）	是	是	否	是
王云五	广东香山	守真书馆（美国教会主办）	是	否	否	是	否	是（英文教员）
胡适	徽州绩溪	哥伦比亚大学	是	是（国语文学）	是	是	是	否
朱经农	江苏宝山	哥伦比亚大学师范研究院	是	否	是	是	否	否

资料来源：郭睿:《近代国语（文）教科书外国翻译作品的选录》，语文出版社，2014，第262~276页。

文学方面，他们更易于接受西方文学人本主义精神内涵，也更倾向于西方纯文学的形式及欧化的语体特色。

除此之外，这些经过新教育洗礼的知识分子都积极参与新文化运动，对新文化、新文学抱有认同感。

另外，对于民国知识分子来说，传播新文化、开通民智，也意味着自己要走进现代媒体、教育机构，并发表社会演说。正是在这样的文化使命下，知识分子穿梭于教育、媒体、文学、编辑出版等多个领域，也游走于学院内外、大学与中小学、报馆内外。这些编者，无论是叶圣陶、周予同还是胡适，都集作家、译者、国文教育家、学者、编者等多种身份于一身，国文教育工作要求语言规范，翻译工作要求信达雅，写作要求语言具有个性……编者复合型的身份可以让他们在多种语言中来回穿梭，熔铸为优美的现代汉语的表达方式。当这些对新文化、新文学怀抱认同态度的知识分子参与选文的编写工作时，他们便有可能根据其理念对选文《十五小豪杰》进行再次加工。

选文的加工改写与新文化运动时期编者的知识结构、价值观念也紧密相关。同时，大多数编者在出版社工作，并在工作中与各种各样的知识分子、朋友打交道，最终构成了"知识人社会"。知识人社会以多种形式呈现，社团便是构成其网络结构的方式之一。社团提供给知识分子一个彼此志趣大致相同的知识空间，也有效地组织了分散的知识分子，并为知识分子的社会文化实践提供场所。以商务印书馆编写的《新学制国语教科书》为例，教科书编者顾颉刚、叶绍钧、胡适、朱经农等均为文学研究会会员，文学观念上提倡"为人生"，积极"研究"并"介绍"域外文学，并认为应该"整理中国旧文学，创造新文学"。正是在这些编者的参与下，才会选入法国翻译作品，才会对译文的章回体小说样式进行加工改写，使之成为现代新文学样式。

除了社团之外，出版社也成为知识人社会网络结构的一种重要方式。商务印书馆作为有商业背景的出版社，"眼观六路，耳听八方，立论力求'平正通达'"①。商务印书馆教科书编写者往往注重执行课程标准的相关要求，在此基础上也注重选文的时代性和特色。如《新学制国语教科书》编辑大意就体现了这一特点，或强调选文的现代特征，"本书的选辑，以具有真见解、真感情、真艺术，不违反现代精神，而又适合于学生的领受为标准至于高深的学术文以非初中学生能力所胜概不加入"；或开始大量入选语体文"本书第一二册文言文占十分之三；第三四册文言文占十分之五；第五六册文言文占十分之七这样配置要使与小学及高级中学相衔接"②。

总的说来，新文化运动下语文教育的时代语境、编者的知识结构和价值观念的转变及其编者所在"知识人社会"，共同推动着《新学制国语教科书》编者对译作《十五小豪杰》的加工改写。加工改写更多地体现在文体从传统小说向现代小说的转变上。包括：现代小说使用白话语体，并且采用叙事的文艺语体；现代小说是一种文学创作，尊重"写—看"的基本模式，同时小说情节注重完整性，采用开端、发展、高潮、结局的纵剖面的

---

① 陈平原：《思想史视野中的文学——〈新青年〉研究》，陈平原、〔日〕山口守编《大众传媒与现代文学》，新世界出版社，2003，第188页。
② 周予同等编《新学制国语教科书》第5册，王云五等校订，商务印书馆，1923，第1~2页。

形式。新文化运动时期的加工改写对于我们当前教科书编写也有着重要的启示。其一，不能将选文等同于译作，要承认教科书文本与普通读者的阅读文本不同。教科书中的外国翻译作品是在时代文化语境下以选文为中心与教学活动进行对话，它具有一般的社会价值，也具有教学价值。当前对教科书选文加工改写的批评中，常常没有对译作和选文进行区分，也没有意识到选文的作者是编者。其二，要认识到译作转变为选文过程中编者加工改写的重要性。教科书中的外国翻译作品，其生产者为编者，接受对象为师生。面对教师的教和学生的学，编者在特定的时代语境下，需要对译作进行修改使之符合教学的需要。毋庸讳言，当前语文教科书中翻译作品加工改写存在诸多问题，关键在于没有处理好文本风格、教师教学、学生学习、文化语境、编者自身理念这五者之间的关系。在加工处理的过程中，从教师教学和学生学习方面，选文要改写到什么程度，从尊重文本风格方面又要尊重到什么程度，受文化语境影响又要影响到什么程度，编者的理念可以发挥到什么程度等，都需要在编写实践和教科书评论中不断探讨。

第二节 "国语纲要"时期爱罗先珂童话的选编和修改

现代文学领域中，鲁迅的地位毋庸置疑。在基础教育中关于鲁迅作品的讨论常常成为大家关注的焦点。研究者无意对基础教育中的鲁迅现象、鲁迅作品做全方位分析，而仅聚焦新文化运动时期编者对鲁迅译作《鱼的悲哀》（爱罗先珂著）的加工改写这一个案例展开研究。我们试图解决如下问题，即《鱼的悲哀》是如何进行翻译的，以及有何种社会价值，鲁迅译作转变为选文之后编者对其做了何种加工、产生了何种教育价值。

一 译作：阴森恐怖的《鱼的悲哀》

1921 年 5 月，盲诗人爱罗先珂遭日本放逐，来到中国。1921 年 11 月与鲁迅相识，1922 年爱罗先珂接受了北京大学的邀请开始教授世界语，并寓居在鲁迅家中。鲁迅于 1921 年 11 月开始翻译《鱼的悲哀》，并在 1922 年 1 月《妇女杂志》首次发表，作品的内容大致如下。第一部分，场景集中在冬日的冰下世界，鲫儿为寒冷而苦，幻想春天的到来，但这不能缓解现实的寒冷，因此它期望死后能够到天国摆脱寒冷，后来经过鲤鱼公公的指点，由幻想到现实，认识到自己应该"驯良"并满怀着"爱"而活着；第二、第三部分，春天来了，鲫儿为池中的其他朋友讲述天国的故事，同时听到了强大而且与自己很不同的人类的事，也听说了池塘周围有一个像鲫儿一样驯良、贤惠的男孩；第四、第五部分，池塘边的蝴蝶、泥鳅等伙伴们一一被男孩网去，人类对鲫儿们的生存产生了威胁，并且也剥夺了动物们去天国的权利，鲫儿最后被捉，成为男孩科学解剖的试验品。

对于这篇翻译文学作品，鲁迅通过"译者附记"的形式对其进行了点评，他最为赞赏的便是作品最后关于死亡的部分。结尾鲫儿主动让男孩捉去，最后遭受被解剖的厄运，这部分描写让人不禁感到阴森恐怖，"毛骨悚然不亚于哥特小说"[1]，少年出于科学动机开始对动物进行杀戮，"这屋的墙壁上，挂着黄莺先生和兔和尚的皮，桌子上还散着他们的骨殖"，"玻璃匣里，是用留针穿过了心脏，排列着先前多么亲密的好几个蝴蝶姊姊们"，"桌上的解剖台中，前晚恰在赏月时候所捉去的蛙的大诗人，现在正被解剖了，摘出的心，还是一跳一跳的，显出那'死'的惋惜"，鲫儿"一开一合地动着嘴，说不出什么来，只用了尾巴噼噼啪啪地敲桌面"。对于这部分，鲁迅认为他自己在"看见别个（鲫儿）捉去被杀的事"，感觉上好像"比自己被杀更苦恼"，他称赞作家对死的刻画，"在俄国作家的作品中常能遇到的"，这是俄国文学作品中"伟大的精神"[2]。从鲁迅的点评来看，我们可从三方面来理解其视野中《鱼的悲哀》的价值。第一，这篇儿童文学作品具有一种同情意识，向往善的人道世界。鲫儿有一种博大的爱，主动要求小男孩捕捉自己并且能够为之献身的精神。第二，对于鲫儿的主动献身，体现了俄国作家作品中常见的

---

[1] 徐兰君、〔美〕安德鲁·琼斯主编《儿童的发现：现代中国文学及文化中的儿童问题》，北京大学出版社，2011，第122页。

[2] 李新宇、周海婴编《鲁迅大全集12 译文编 1921~1923》，长江文艺出版社，2011，第155~156页。

伟大精神，而且这种精神在奴性的中国较为缺乏。第三，这种同情和博爱也体现在作者爱罗先珂对于小男孩科学解剖实验的反思，以及对于人类命运的关心上。鲁迅在其散文《春末闲谈》中写道，爱罗先珂担心科学家未来会"发明一种奇妙的药品"，使得人们"甘心永远去做服役和战争的机器了"①。

鲁迅的翻译并不仅仅关注这篇作品的思想内涵，同时也注意到儿童文学文本所特有的艺术价值。儿童文学的特质从语体上便是语言饱含"童心"，鲁迅对此有着清晰的认识，意识到"这一篇是最须用天真烂漫的口吻的作品"，但儿童的话语在传统"小大人"的中国话语系统中是一个缄默的存在，因此"用中国话又最不易做天真烂漫的口吻的文章"。作为译者的鲁迅，也是不断翻译、搁笔，再次翻译、最终完稿，但他自我反省时说，虽然译完，"却损失了原来的好和美已经不少了"②。译者不仅要传递翻译作品艺术上"天真烂漫"的风格，同时还要将俄国文学中同情与献身的伟大精神传递给中国读者，这与鲁迅试图借助文学进行思想启蒙的愿望有关，也与五四新文学建设中文学形式的现代转换密不可分。对于爱罗先珂童话作品的介绍，鲁迅并未仅仅局限于《鱼的悲哀》这一篇，而是翻译了多篇，如《狭的笼》《池边》《雕的心》等，一些翻译作品也在《爱罗先珂童话集》

---

① 鲁迅：《坟 热风 呐喊》，《鲁迅全集·第1卷》，人民文学出版社，2005，第215页。
② 鲁迅：《鲁迅杂文全编·第7卷》，人民文学出版社，2006，第216页。

中结集出版。

总的来说,虽然鲁迅已经注意到儿童文学艺术表达上的特征与要求,但是之所以翻译爱罗先珂的童话,他其实更侧重其思想层面——不是要从海外的"艺术之宫"去拔来"奇花瑶木"栽种在中华的"艺苑"之中,而是为了"传播被虐待者的苦痛的呼声和激发国人对于强权者的憎恶和愤怒而已"①。对于鲁迅来说,爱罗先珂童话在思想上对于现实社会中虐待、苦痛、强权所持的批判和否定态度,与鲁迅铁屋子中的"呐喊"精神实质上是一致的。

二 选文:向往春天的《鱼的悲哀》

1923年《新学制国语教科书》第1册第13课选入《鱼的悲哀》这篇翻译文学作品,编者对这篇社会文本进行了加工改写,删去了第二部分到第五部分,只保留了第一部分。

经过删节后成为教学文本的《鱼的悲哀》,全文共1276字,篇幅较为适中。除此之外,加工的教学文本还在以下几个方面做了调整,使其更加贴近中学生的心理。第一,思想凝重,但不失积极向上。整体上来看,爱罗先珂的儿童文学作品的个人风格在思想方面色彩较为凝重。与安徒生童话相比,爱罗先珂的童话语

---

① 李新宇、周海婴编《鲁迅大全集12 译文编 1921~1923》,长江文艺出版社,2011,第156页。

言没有那么"轻灵飞动",而显得"沉雄凝重"。与王尔德的童话语言相比,爱罗先珂的童话语言也没有那么"斑斓华美",而显得"质朴古拙"。与卡洛尔童话相比,爱罗先珂童话语调并不"诙谐幽默",而显得"严肃峻切"①。对于爱罗先珂童话的风格,齐天授曾经称之为虽然"富于美丽的诗趣的形式",却是"泪珠结晶的词句"②。但是删节后的《鱼的悲哀》选文结尾部分,情感基调开始变得积极乐观起来,"从这时候起,鲫儿便无论怎么冷,无论怎样饿,也再不说一句废话,只是嘻嘻地笑着,等候那春天的来到了"③,故事从一开始从池塘里寒冷的冬天谈起,鲫儿一直苦恼如何抵挡冬天的寒冷,到最后鲤鱼公公指点要有爱地活着,鲫儿的困惑得以解决,鲫儿开始等待春天。从产生困惑到最后困惑得以解决,在情感的积极向上方面有所加强,编者也确保了教学文本叙述的完整性。第二,情节更单纯,人物更简单,降低了学生阅读的难度。修改后的外国翻译作品选文在阅读难度上有所下降,具体体现在以下几个方面。其一,情节更加单纯,结构更加清晰。故事线索更为单一,故事的叙述按照故事发展的先后顺序依次进行,从一开始鲫儿在寒冷的池塘里想着怎

---

① 杨义主编《二十世纪中国翻译文学史·五四时期卷》,百花文艺出版社,2009,第178页。
② 齐天授:《论坛:读爱罗先珂的童话》,《晨报副刊》于1922年12月14日至17日在第3版和第4版进行连载。
③ 傅东华、陈望道编《基本教科书国文》第1册,商务印书馆,1931,第263~270页。

么摆脱寒冷，于是问妈妈、问鲤鱼公公，到最后问题解决，这样的顺序安排利于文学教学中教师让学生对故事进行口头复述及讲述。其二，情节朝着一个方向推动发展。加工后的选文主要面对"如何解决冬天寒冷"这一问题，当然这个寒冷可以是实际的、生理上的冷，也可以是心灵的冷，教学时可以对文学作品进行多角度解读。其三，故事人物数量减少。与之前复杂的人物数量相比，选文加工后的故事人物仅有妈妈、鲫儿、鲤鱼公公三个，且中心人物为鲫儿。三个人物之间构建出了两个层次的人伦关系，一为鲫儿与母亲构成的亲子关系，一为鲤鱼公公和鲫儿构成的长幼关系。这三个故事人物，特点鲜明，如鲫儿的善良及其对光明的向往，母亲的和蔼，鲤鱼公公的慈祥拥有年长者的智慧。其四，通过人物的动作和对话完成对人物的塑造。选文被加工之前，存在通过心理描写来刻画鲫儿的部分，但选文加工后呈现得最多的则是人物对话及动作神态描写。

"然而母亲。春天什么时候才到呢？"鲫儿抬起泪眼。看着母亲说。

"已经快了。"母亲便温和地回答他。

"这怎么知道的呢？"鲫儿说，看着母亲的脸，有些高兴起来了。

"因为每年总来的。"母亲说。然而鲫儿却显出忧愁似的颜色，问道：

"然而……母亲,倘若今年偏不来,又怎么办呢?"

"没有那样的事,一定来的。"母亲抚慰似的说。

在这里对话至少有三个作用。一是可以刻画人物形象。通过对话我们能感受到鲫儿的善良、对光明的向往以及母亲的和蔼;同时事事好问也是儿童的特征之一,这一点可以与学生产生共鸣。鲫儿具有儿童的特征,凡事都喜欢问为什么,"母亲!春天什么时候才到呢?""这怎么知道呢?""但是,母亲!为什么一定来?"[1] 诸如此类;此外,对话也是推动情节的一种方式。通过对话引出鲫儿的困惑,即如何抵抗寒冷;也正是通过对话,鲫儿知道了春天的存在以及开始生发出来的对春天的到来遥遥无期的苦恼;通过对话引出鲤鱼公公有关天国的问题;通过对话知道了如何解决寒冷的问题,即要抱有爱和驯良的方式活着。

三 从译作到选文:关注学生心性成长的选文加工

纵观教科书编者对鲁迅译作《鱼的悲哀》的加工改写,大致可以看出新文化运动时期编者对鲁迅译作乃至鲁迅作品入选教科书并传播的看法,以及其中可能存在的问题。第一,鲁迅翻译的文学作品具有黑暗色彩和暴力倾向,如"玻璃匣里,是用留针穿

---

[1] 傅东华、陈望道编《基本教科书国文》第 1 册,商务印书馆,1931,第 263~270 页。

过了心脏，排列着先前多么亲密的好几个蝴蝶姊姊们"，"桌上的解剖台中，前晚恰在赏月时候所捉去的蛙的大诗人，现在正被解剖了，摘出的心，还是一跳一跳地显出那'死'的惋惜"①。这些是鲫儿被男孩用网捞回后，被放到解剖台上，看到曾经与自己相处的蝴蝶姐姐及青蛙诗人时的悲惨情形。这种具有哥特式阴森恐怖的笔法对于中学生来说，显得较为沉重和压抑。第二，鲁迅译作的反规范性颠覆了一般科普小说的叙事逻辑。传统的儿童科普文学，常常将目的聚焦在能够触发儿童对事物的理解和同情上，进而增强学生对科学的兴趣。以科普文学讲述鲑鱼为例，常常将鲑鱼与其自然界实际生活联系起来，或介绍鲑鱼长大之前与海驴决战，或介绍鲑鱼成长之前和父母学习本领等②。而《鱼的悲哀》是对科学进行的一次深刻反思，"这哥儿，后来成为有名的解剖学者了。但是，那池，却逐渐地狭小了起来，蛙和鱼的数目也减少了，花和草也都凋落了，而且到了黄昏，即使听到了远处的教会的钟声，也早没有谁出来倾听了"③，在这里，科学解剖的成就，却给鲫儿、鲤鱼、蝴蝶、青蛙等善良形象带来了致命的悲剧，因此这篇翻译文学作品具有反思科学、批判科学的特色。第三，鲁迅译作背离传统儿童文学的风格。传统儿童文学作品总体上感情炽热、余味柔

---

① 李新宇、周海婴编《鲁迅大全集 12 译文编 1921~1923》，长江文艺出版社，2011，第 155 页。
② 同上。
③ 同上。

和绵长，文句读起来朗朗上口，文本画面美丽和谐，他们倾向于为儿童创设一个可亲可近的、虫言鸟语的世界①，并且用真诚的热情、较纯洁的世界感染孩子，立意上追求英雄、褒扬善良、构筑梦幻，总之用"真，美，善来感化儿童的心，创造世界未来的主人翁之完全的人格"②。而《鱼的悲哀》开篇就布置了一个虚幻的、寒冷冬日里的池塘世界。在这里寒意逼人，"鲫儿在这夜里一刻也不能睡。只是'冷呵冷呵'的哭喊着"，文本结尾描绘鲫儿在被解剖前看到自己曾经的朋友们惨遭解剖时，内心充满痛苦，"（鲫儿）然而一开一合地动着嘴，说不出什么来，只用了尾巴噼噼啪啪地敲桌面"③，甚至还直接刻画男孩解剖鲫儿时的场面，"过了一会儿，哥儿也便解剖了他，但看见鲫儿的心脏，是早已破裂的了"。④ 通过对上述场景的回顾，我们可以看到爱罗先珂尤其注重刻画悲剧性场面、呈现社会黑暗面，并不吝展示人生的矛盾性。这种儿童文学的创作方式与传统儿童文学的单纯、柔和主题及呈现方式并不相同。第四，选文篇幅过长，阅读颇有难度。作为社会文本的《鱼的悲哀》，全文共 5005 字，

---

① 周作人：《外国之童话》，陈子善、张铁荣编《周作人集外文上 1904~1925》，海南国际新闻出版中心，1993，第 243 页。
② 金星：《儿童文学的题材（1935）》，王泉根：《中国现代儿童文学文论选》，广西人民出版社，1989，第 137~140 页。
③ 李新宇、周海婴编《鲁迅大全集 12 译文编 1921~1923》，长江文艺出版社，2011，第 155 页。
④ 同上。

较长的篇幅并不适宜初中学生的阅读心理需求。同时，学生阅读方面存在一定难度。还体现在另外三个方面。其一，人物数量过多。在这篇外国翻译文学作品中，涉及的人物有鲫儿、妈妈、鲤鱼公公、鲤鱼哥哥、泥鳅姐姐、长耳朵的和尚、狐狸、猿婶母、鹦哥、人类、黄莺、杜鹃、蝴蝶姐姐、小狗哥哥等。其二，整个故事有两条线索。一条是池塘的寒冷，另一条是男孩对池塘里动物们的生存造成的威胁。其三，儿童文学中较多的心理刻画增加了阅读的难度，例如："'这是来捉我们的呵。'鲫儿一经这样想，便因了愤怒，全身仿佛着了火，索索地颤抖得生起波澜来。'请罢，捉了我去。没有捉去别个之前，先捉了我去。看见别个捉头被杀的事，在我，是比自己被杀更苦恼哩'。"① 总结起来，无论是感情基调的灰暗、阅读难度的增大，还是颠覆一般科普小说、儿童文学的表达，这些都意味着译作并不完全合乎学生的阅读接受心理。

在同一时期，对于鲁迅译作背离学生心性成长的现象，译者鲁迅及当时其他儿童文学研究者也有察觉。译作《鱼的悲哀》是否适合学生的阅读，鲁迅虽然没有对此进行直接的论述，但是他认为对于具有凶险形象、黑暗色彩的作品，孩子们还是不读为好。孙伏园在《关于鲁迅先生》一文中，谈到有一些中学老师

---

① 李新宇、周海婴编《鲁迅大全集 12 译文编 1921~1923》，长江文艺出版社，2011，第 155 页。

将作品《呐喊》《狂人日记》作为课本给学生阅读时,鲁迅认为"中国书籍虽然缺乏,给小孩子看的书虽然尤其缺乏,但万想不到会轮到我的呐喊","中小学生长大了的时代,也许不至于'吃人'了,那么这种凶险的印象给他们做什么?"① 这从一个侧面验证了鲁迅本人也认为给儿童阅读的作品不宜过于悲观。儿童文学家赵景深表示,与安徒生、王尔德童话相比,爱罗先珂童话的艺术性和思想性都更加"进步",但是从儿童文学的眼光来看,爱罗先珂童话却远逊色于其他两位作者,"安(安徒生)王(王尔德)爱(爱罗先珂)"对于新长的儿童来说,应该"自童年至少年壮年",更能"引起他们爱好一些"②,赵景深接着认为爱罗先珂的童话文学作品,更适合成年人阅读,而离儿童世界较远。这种成人文学的特点侧重抒发作者的感受,表达一种属于成人的悲哀,其目的在于引起社会的警醒,而不是给儿童阅读。

如果将1923年《新学制国语教科书》编者们对鲁迅译作的加工改写放置在五四新文化运动的语境中进行透视,我们就可以更好地理解其行为背后的教育意义。

新文化运动时期鲁迅译作的改写,具有显著特点,即编者对

---

① 曾秋士(孙伏园):《杂谈:关于鲁迅先生》,《晨报副刊》1924年1月12日第4版。
② 赵景深:《童话的讨论四》,王泉根:《中国现代儿童文学文论选》,广西人民出版社,1989,第239页。

中学生心性成长的关注，以及对其语文能力提高的理解。就心性成长来说，只要让初中生了解鲁迅译作的文字智慧和思想情怀即可；就提高语文能力而言，鲁迅译作需要符合学生语文能力循序渐进提高的规律。这样加工改写后的鲁迅选文，对学生来说，便不再是"指导性"的，而是满足学生心性成长的阳光、空气、水分和肥料，最终为学生的心性发展提供较为适宜的环境。学生的心性借助这些语言绽放，这些语言也成为学生心性绽放的形式①。

总的说来，新文化运动下语文教育的时代语境、教育思潮、编者的知识结构和价值观念的转变共同推动着《新学制国语教科书》编者对译作的加工改写。加工改写更多地体现在从初中学生心性成长的需要出发对译作进行的处理。这包括：选文的感情基调从灰暗转变为充满希望，同时也调整了阅读难度，阅读起来较为容易。新文化运动时期对鲁迅译作的加工改写对于我们当前教科书编写也有着重要的启示。其一，不能将选文等同于译作，要承认教科书文本与普通读者的阅读文本不同，而当前对教科书选文加工改写的批评中，常常没有区分译作和选文，也没有意识到选文的作者是编者；其二，要认可译作转变为选文过程中编者加工改写的重要性，教科书中的外国翻译作品，其生产者为编者，接受对象为师生，面对教师的"教"和学生的"学"，在特定的时代语境下，编者需要对译作进行修改使之符合教学的需

---

① 对于学生心性成长的认识，受到王富仁老师的指点和启发。

要。毋庸讳言，当前语文教科书中有关鲁迅译作的加工改写存在诸多问题，关键在于没有处理好文本风格、教师的教、学生的学、文化语境、编者自身理念五者之间的关系。在加工处理中，从教师的教和学生的学方面出发，选文要改写到什么程度，从尊重文本风格方面又要尊重到什么程度，受文化语境影响又要到什么程度，编者的理念可以发挥到什么程度，这都需要在编写实践和教科书评论中不断探讨。

第三节 "国语纲要"时期安徒生散文的选编与修改

如果说对《十五小豪杰》和《鱼的悲哀》的选编和修改，使我们关注到新文化运动时期叶圣陶等教科书编者对于现代小说文体的关注及其对儿童天性的呵护。在本节中我们将分析安徒生的作品《堡寨上的风景》。这篇文本不是安徒生最擅长的儿童文学作品，而是一篇散文，译者为胡愈之。1920年《东方杂志》第17卷刊登了这篇翻译作品。1923年，《新学制国语教科书》第1册第25课选入了这篇翻译文学作品，在教科书中，编者并没有将原著作者"安徒生"和译者"愈之"列在选文篇名之下，甚至在文后也未注明。接下来主要分析研究编者是如何加工安徒生的译作《堡寨上的风景》的，以及加工后选文产生了何种教育价值。

一 社会文本：兼具个性和时代要求的《堡寨上的风景》

《堡寨上的风景》译作由胡愈之发表于《东方杂志》上，这与新文化运动的背景分不开。随着新文化运动的蓬勃开展，1920 年《东方杂志》进行了改版，作为商务印书馆《东方杂志》编辑的胡愈之，开始协助主编钱智修参与《东方杂志》的编辑工作。在这一时期，胡愈之翻译了大量西方的文学作品及文学理论著作，安徒生的作品《堡寨上的风景》便是他在该阶段的译作。该作品呼唤光明和自由，与"五四"时期"为人生"的整体境遇相通，译文刊载在 1920 年第 17 卷第 3 期《东方杂志》"文苑"专栏。

堡寨上的风景

丹麦安徒生著，愈之译

这时候是秋天，我们在城外的堡寨上头立着，看着海峡上面来往的船只，和对面伸在夕阳光里的瑞典海岸。在我们背后，堡寨嶙嶙峋峋的排列着，四周全是庄严的树木，黄金叶子从树上很快的落下。在我们下面，望去是几所悲惨暗黑的房子，外边围着木栅栏。房子里边巡丁守着的所在，更是黑魆魆的，但还没有像铁槛里边那般黑暗；那是犯罪的坏人关着的地方。快落下去的太阳光，照在那空洞的屋子。太阳对好人和歹人，是一样照着的！那愁闷野蛮的犯人，很酸辛的注视着冷淡的太阳光。小鸟向铁槛奋飞。鸟对好人和歹人是一样地歌唱着的！鸟娇声啭了一阵，随后躲起来，拍拍翅膀，啄着胸部的毛，把羽毛吹涨。那锁着链条的歹人向鸟瞰，他狞恶的脸上泄露出温和的神气。他不十分的明白的一种思想，在他心上涌出。他想着照进铁槛里的太阳光；想着紫罗兰的香气，这花春天在窗外开放得很盛的。猎人吹角的声音，现在很明了活泼的听到了，鸟从铁槛上飞走，太阳光不见了，在那狭小的牢里，一切重又暗黑，在那歹人心上，也是暗黑。但太阳曾在这里边照过的，鸟也会歌唱过的。

你们把愉快的调子接续下去罢！夜是温和，海是平静而且光明，像是一面镜子。[1]

——《东方杂志》（胡愈之，1920）

从上面的外国翻译文学作品全文可以看出，当时胡愈之的文学作品的翻译并未成熟。首先，段落布置头重脚轻。虽然这一时期译者已经开始借助标点符号来调整文学作品的表达，但是在段落的布置上仍然并不合理，全文总共两段，第一段共有438字，第二段仅有35字；其次，词语句子欧化倾向明显。比如，"鸟对好人和歹人是一样地歌唱着的！"这句话就体现了欧化的语言表述。从词法上看，在修饰词和谓语动词之间会加入"的"，如"一样的歌唱"。从句法上看，判断词"是"的使用也是如此，"鸟对好人和歹人是一

---

[1] 胡愈之：《堡寨上的风景》，《东方杂志》1920年第3期，第108页。

样的歌唱着的"。最后，翻译时缺乏对文学修辞进行辨别。从一个词语来看，在文中"黄金叶子"的翻译，让人费解。可以是"淡黄色的叶子"，也可以是"黄金般的叶子"，译者可能仅仅是对着原文进行逐字翻译的，还没有能够对于文学修辞进行认真的识别。

但是，段落的不合理设置、欧化的语言表述、对于文学修辞没有确切的辨别，这些在今天看起来是翻译事故，但如果放到当时的时代语境下，这些翻译上的问题都显得正常和自然。第一，头重脚轻是一个过渡时期中的段落设置。中国古代的文章，在篇章层面并没有段落的意识，在句子的层面也没有标点符号的意识。一篇文章，便是使用方块字从上到下、从右往左依次排列。清末民初文章中出现句读、标点符号，以及句读的混合使用、段落和篇章混合出现，这些改变都是为了便于作者表情达意的需要，同时也便于读者阅读。到了1920年，已经具备句子层面的标点符号意识，特别是会借助感叹号来表达情感，例如："太阳对好人和歹人，是一样照着的！""鸟对好人和歹人是一样的歌唱着的！"在分段上，第一段共有438字，第二段仅有35字，段落上并不匀称，仍然是段落和篇章混合出现，体现了当时过渡时期的二元性特征。第二，文学翻译起始时期译者经验不足。研究者查看了《东方杂志》中以"胡学愚""说难""化鲁""愈之""胡愈之"[①] 为名的

[①] 胡愈之在译文的发表过程中，曾经以"胡学愚""说难""化鲁""愈之"为笔名。

所有译文，译者在 1920 年《东方杂志》第 17 卷第 1 期发表了第一篇文学翻译作品即王尔德的《学生》，以及介绍文艺思潮流派的《近代文学上的写实主义》。在此之前，从 1915 年首次发表译作到 1918 年，胡愈之翻译的文章主要集中在五个大类。一、"一战"爆发后对于国际政治时事的介绍类文章；二、介绍西方新思想新科学的文章；三、介绍新知识的文章，主要涉及新科技和新发明的文章；四、推广世界语的文章；五、述评国内实事的文章，涉及政治经济文化方面[①]。可以说译者从翻译西方政治经济"智识"（知识）文章转到文学翻译的过程中，忽视了对文学修辞的揣摩，从而产生"黄金叶子"之类的误译不足为怪。第三，保留原文风格思想的直译方法。五四时期，文学启蒙者试图通过翻译文学来传递新思想新文化，因此采用直译的方式尽可能地输入西方新词汇、新语法、新思想。所谓直译，就是要译出原文的意思，同时也要尽量保留原文的语言方式。直译就是要"达意，尽汉语的能力所及的范围内，保存原文的风格，表达原语的意义，换一句话就是信和达"[②]。直译的翻译方式，客观上给读者的阅读带来了困难，但是对于新思想的传播，以及让白话文的表述更加严谨方面起着重要作用。"思想受语言的支配，犹之乎语言受思想的支配，作者的思想，必不能脱离作者的语言而

[①] 陈荣力：《大道之行——胡愈之传》，浙江人民出版社，2005，第 31 页。
[②] 钟叔河编《周作人文类编》卷 8《希腊之余光：希腊·西洋·翻译》，湖南文艺出版社，1998，第 590 页。

独立。我们想存留作者的思想,必须存留作者的语法;若要另换一副腔调,定不是作者的思想"①。正是在这种翻译思潮的影响下,胡愈之采用直译的翻译方法,一方面尽可能保留原作的行文风格,另一方面也体现了译者的主体性选择。

对于直译保留了原文表达、原文风格、西方特色等方面,我们可以从以下两个方面来做进一步的说明。

其一,"我们在城外的堡寨上头立着"——内视角的亲切可信及其叙事的现代性。

这个作品讲述的是囚徒对于自由与光明的渴望。开篇交代时间地点,"这时候是秋天,我们在城外的堡寨上头立着,看着海峡上面来往的船只,和对面伸在夕阳光里的瑞典海岸";中间是对囚禁地的描绘及囚徒的刻画,"在我们下面,望去是几所悲惨暗黑的房子,外边围着木栅栏。房子里边巡丁守着的所在,更是黑魆魆的";结尾是对于光明的期待,"你们把愉快的调子接续下去罢!夜是温和,海是平静而且光明,像是一面镜子"。从整个作品的叙事视角来看,直译的方法保留了原文内视角的叙事方式。在这篇翻译文学作品中,安徒生以"我们"为内视角。其好处在于,一、叙事者以"我们"的形式直接进入了叙事的场景,讲述自己的亲身经历,话语的表述具有较强的可信度;也拉近了作者与读者的心理距离,易于接受;二、叙事者"我们"

---

① 傅斯年:《评坛:读者感言》,《新潮》1919 年第 3 期,第 178~183 页。

具有灵活性，既可以直接进入故事之中，可以转述他人的所见所闻，如描述犯人被囚禁的日常生活；三、"我们"也可以使作家直接抒发内心感情，表达一种浪漫主义的冲动，如结尾"你们把愉快的调子接续下去罢"，显然这里的"我们"已经不仅仅是罪犯，还是作者与作品中的"我们"相融合后的情感的流露和抒发。

但是，在安徒生的经典文学作品中，内视角"我们"并非经常出现。在经典儿童文学作品《丑小鸭》中，开篇便是从全知全能的第三人称视角进行的全景展示，"阳光灿烂的夏天乡下非常美丽。小麦已经黄灿灿了，燕麦还是一片绿油油的，草场上干草已经堆起了垛，灰鹳伸出又长又红的腿在大步踱来踱去，叽叽嘎嘎没完没了地讲着埃及话，因为它从妈妈那儿学来的就是这种语言"[①]。在《卖火柴的小女孩》中，作者也采用了全知全能的视角："那天天冷得吓人，正下着雪，而且将近黄昏，天色已暗。那是一年的最后一天，也就是新年的前夕。一个可怜的小女孩头上没戴帽子，脚上没穿鞋子，正在寒风凛冽暮色苍茫的大街上流浪。"[②] 安徒生在叙事中常常采用外视角，并不是偶然的，而是与其创作便于儿童阅读的儿童文学初衷有关。第三人称的外

---

① 〔丹麦〕安徒生：《安徒生童话》，徐朴译，少年儿童出版社，1997，第129页。
② 〔丹麦〕安徒生：《安徒生童话》，徐朴译，少年儿童出版社，1997，第183页。

视角叙事方式避免了心理活动的大量介入，写作可以仅仅局限在描写可以看见的景色及主人公行为上。对于儿童的阅读来说，眼睛所能见的事物与动作更容易理解。

安徒生的作品以外视角叙事的童话最为著名，而译者翻译不选其经典的儿童文学作品，而选用了一篇内视角的小说。这与译者的主观选择有关，更与五四时代文学的语境对译者的影响有关。在五四新文学中以"我""我们"为内视角的叙事方式随处可见。如鲁迅《故乡》开篇内视角的叙事，"我冒了严寒，回到相隔二千余里，别了二十余年的故乡去"[1]，再如课本选入的南非作家须林娜《文明的曙光》的开头部分，"那时我还是一个没到九岁的小孩子，一天早晨，我在我家所住的那个山峰上出去散步"。[2] 总的说来，"我""我们"内视角在文学作品中大量出现，客观上与"五四"时期对于个人"自我"的发现密切相关。有学者这么评价第一人称内视角的叙事方式与"五四"时期的关系，"'自我'的发现，是'五四'文学的最大成功。绝对'自我'是以'大胆的自我暴露'方式呈现的，自传体、日记体、书信体小说必然大行其道，第一人称小说必然受到空前重视，'五四'作家甚至公开出版私人书信和日记"。[3]

---

[1] 《鲁迅全集·第1卷》，人民文学出版社，1981，第476页。
[2] 周予同等编《新学制国语教科书》第4册，胡适等校订，商务印书馆，1923，第128页。
[3] 林荣松：《五四小说综论》，福建教育出版社，2012，第158页。

其二，对于诸如"黄金叶子""黑魆魆""娇声啭了一阵"等生动的描写而言，直译的方法不仅保留了译作的内视角叙事特色，而且还保留了安徒生描写环境与事物的丰富的想象力，以及事物本身细致入微之处。译作《堡寨上的风景》中描写最为丰富，刻画秋天的落叶，便是"黄金叶子从树上很快的落下"；描写囚禁的监牢，便是"房子里边巡丁守着的所在，更是黑魆魆的，但还没有像铁槛里边那般黑暗；那是犯罪的坏人关着的地方"；描摹鸟儿的翱翔，便是"鸟娇声啭了一阵，随后躲起来，拍拍翅膀，啄着胸部的毛，把羽毛吹涨"；甚至刻画阳光和春天的花儿，"他想着照进铁槛里的太阳光；想着紫罗兰的香气，这花春天在窗外开放得很盛的"；傍晚在他的笔下便是"夜是温和，海是平静而且光明，像是一面镜子"。① 所谓描写的生动，就是要能够再现生动而形象的环境，译作中的起始时间是傍晚夕阳时分，当夕阳照耀在叶子上，作者用"黄金"作为修饰；描写也可以与人物的刻画结合起来，"黑魆魆"的铁槛与犯人不自由的处境相结合，给人身临其境之感；描写可以与想象结合，将不同的意象并置使景物构成一个联合的意境，"太阳光"和"春天紫罗兰的盛开及其扑鼻的香气"构成了一个联合的意境，"夜晚"和"平静光明的海"也构成了一个完整的情境。

对于景物和事物的描写刻画细致入微、引人入胜，是安徒生

---

① 胡愈之：《堡寨上的风景》，《东方杂志》1920 年第 3 期，第 108 页。

文学创作的重要特点。他可以用大段的语言描绘、刻画孩子眼中的牛蒡叶子,"阳光下有一幢被深沟围绕着的旧农宅。从墙角直到水里爬满了一些又密又大的牛蒡叶子,有几棵蹿得特别高,小孩站在叶丛中要踮起脚才能露出头来。这个地方跟浓密的森林里一样,几乎从没有人来过"[①];也可以细致地摹写卖火柴小女孩的长发和除夕夜的温馨,"雪花纷纷地落在她金黄色的长发上,那卷曲的头发披散在她的脖子后面,看上去非常美丽。不过她肯定顾不上去想自己的模样美不美。家家户户的窗子都灯光闪亮,沿街飘着烤鹅肉的香味"[②]。在其描写刻画中,我们可以感受到一位优秀儿童文学作家对于细节的独到把握。他并未面面俱到,但是能通过抓住一个细节就凸显出整个环境或人物。另外,在细节的刻画上,他尤其注重对观察视角的选择,"牛蒡叶子"细节的刻画是从丑小鸭的视角观察的,不同的视角、不同的时间往往会配有不同的细节描写。

总的说来,作为社会文本的《堡寨上的风景》,一方面体现了安徒生的创作风格,即细致生动的细节描写;另一方面也体现了"五四"时期译者的主观选择,即向往自由的主题和内视角的叙事方式。

二 教学文本:作为正确范本的《堡寨上的风景》

《新学制国语教科书》第1册第25课选入了《堡寨上的风

---

① 〔丹麦〕安徒生:《安徒生童话》,徐朴译,少年儿童出版社,1997,第129页。
② 〔丹麦〕安徒生:《安徒生童话》,徐朴译,少年儿童出版社,1997,第183页。

景》这篇翻译文学作品,编者对这篇社会文本进行了加工改写。

堡寨上的风景

秋高气爽,从城外的堡寨上远望海中的风景简直是一幅天然图画,这堡寨嶙峋的排列着,四周全是庄严的树木,那淡黄色的叶子却从树枝的空隙里簌簌落下。堡寨的附近有几间悲惨黑暗的屋子,两个巡丁站在铁栏外面;这就是罪犯所住的地方。

太阳快要落下去了,但对着人们还是一样的照耀;小鸟呢,也一样的歌唱,小鸟唱得厌倦了拍拍翅膀,啄着胸部的羽毛,把全身吹涨。

那锁着铁链的人,呆呆的观望着,狞恶的脸上露出温和的神气。他的不彻底的思想从脑海中涌出;记得春天时候仿佛也是这个景象,但还有紫罗兰的香气。

猎人吹角的声音在那里传来了;小鸟回巢去了,太阳光也不见了。几间狭小的罪犯室里变成黑暗的所在,那些罪犯的心上也都变成黑暗;但是太阳会在这里照耀过的,小鸟也会在这里歌唱过的。①

——《新学制国语教科书》

---

① 周予同等编《新学制国语教科书》第 1 册,胡适等校订,商务印书馆,1923,第 61~62 页。

从上面教科书中外国翻译作品选文可以看出编者的加工主要体现在如下方面。

第一,段落的有序调整。99字、52字、62字、78字是教学文本《堡寨上的风景》每一段的字数。与之前刊登在《东方杂志》的社会文本两大段落(第一段落394字,第二段落31字)相比,修改后的选文从段落上显得有序规整。段落的划分不仅仅是字数上的变化,更重要的是使段落参与文学的表达,清晰的文学表达才会创建清晰的结构,便于学生阅读。调整之后的选文,第一段99字,交代背景——堡寨四周的景色;第二段52字,刻画光明的形象——日落时的阳光及小鸟的歌唱;第三段62字,刻画罪犯面对光明时内心的希望;第四段78字,时间由夕阳时分过渡到夜晚,鸟儿归巢。从段落的划分来看,在对译文段落调整后,选文的结构更加清晰且匀称。

第二,有序的总分段落结构。经过修改后的第一段与译作相比出现了较大的改变,"[总起句]秋高气爽,从城外的堡寨上远望海中的风景简直是一幅天然图画,[由远及近]这堡寨嶙峋的排列着,四周全是庄严的树木,那淡黄色的叶子却从树枝的空隙里簌簌落下。[局部刻画]堡寨的附近有几间悲惨黑暗的屋子,两个巡丁站在铁栏外面;[完成聚焦]这就是罪犯所住的地方"。[1] 我

---

[1] 周予同等编《新学制国语教科书》第4册,胡适等校订,商务印书馆,1923,第61~62页。

们可以看到，编者在加工改写中建构了总分的标准阅读结构。首先总起句开头"从城外的堡寨上远望海中的风景简直是一幅天然图画"，接着由远及近，局部刻画，"堡寨四周""堡寨附近""铁栏外面"最后聚焦到"罪犯所在"。这样的选文创作为文学形式教学（结构布局、写景的层次性、叙述描写、阅读与写作）提供了多种可能。

第三，"我们"消失，内视角被外视角取代。如果把社会文本《堡寨上的风景》和教学文本《堡寨上的风景》中各自的叙事视角进行对比的话，会发现一个有趣的现象。社会文本的开篇为"这时候是秋天，我们在城外的堡寨上头立着，看着海峡上面来往的船只，和对面伸在夕阳光里的瑞典海岸"[1]，而选文的开篇却是"秋高气爽，从城外的堡寨上远望海中的风景简直是一幅天然图画"[2]。在刻画堡寨附近的落叶时，社会文本为"在我们背后，堡寨嶙嶙岣岣的排列着，四周全是庄严的树木，黄金叶子从树上很快的落下"[3]，而教学文本为"这堡寨嶙岣的排列着，四周全是庄严的树木，那淡黄色的叶子却从树枝的空隙里簌簌落下"[4]；在描写犯人的神情时，社会文本为"那锁着链条的

---

[1] 胡愈之：《堡寨上的风景》，《东方杂志》1920年第3期，第108页。
[2] 周予同等编《新学制国语教科书》第4册，胡适等校订，商务印书馆，1923，第61~62页。
[3] 胡愈之：《堡寨上的风景》，《东方杂志》1920年第3期，第108页。
[4] 周予同等编《新学制国语教科书》第4册，胡适等校订，商务印书馆，1923，第61~62页。

歹人向鸟瞰,他狞恶的脸上泄露出温和的神气"[1],而教学文本却是"那锁着铁链的人,呆呆地观望着,狞恶的脸上露出温和的神气"[2];社会文本中文章的末尾为"你们把愉快的调子接续下去罢!夜是温和,海是平静而且光明,像是一面镜子"[3],而教学文本则是"那些罪犯的心上也都变成黑暗;但是太阳会在这里照耀过的,小鸟也会在这里歌唱过的"[4]。纵观编者对社会文本的加工改写,我们不难发现体现"五四"时期自我发现的内视角全部被调整为"他"这样全知全能的外视角,并且将观察者"我们""你"统一调整为"他"(堡寨、罪犯、鸟儿、眼光),修改后的选文一气呵成,在叙事视角上实现了统一。与教学文本外视角相比,社会文本并不考虑全文视角的统一、叙事的规范,而是体现"五四"时期叙述的现代性。第一段的叙述者为有限视角"我们",在此基础上景物观察的方位顺序为"我们在城外的堡寨上头立着""在我们背后""在我们下面""那是罪犯的坏人关着的地方";接下来,由观察者"我们"来讲述犯人囚禁中的生活;最后"我们"对"你"鸟儿婉转叫声的期待"你们把愉快的调子接续下去罢!夜是温和,海是平静而且光明,像是一面镜

---

[1] 胡愈之:《堡寨上的风景》,《东方杂志》1920年第3期,第108页。
[2] 周予同等编《新学制国语教科书》第4册,胡适等校订,商务印书馆,1923,第61~62页。
[3] 胡愈之:《堡寨上的风景》,《东方杂志》1920年第3期,第108页。
[4] 周予同等编《新学制国语教科书》第4册,胡适等校订,商务印书馆,1923,第61~62页。

子",不断转换的视角体现了五四时期叙事的现代性。

第四,对文学个性表达的规范化。在文学创作中,安徒生较为擅长对事、物、场景进行细节化的描述,这些描述在教学文本中又是怎样一番情形呢?如刻画秋天,社会文本为"这时候是秋天,我们在城外的堡寨上头立着"①,教学文本则为"秋高气爽,从城外的堡寨上远望海中的风景简直是一幅天然图画"②;鸟的翱翔,社会文本是"鸟娇声啭了一阵,随后躲起来,拍拍翅膀,啄着胸部的毛,把羽毛吹涨"③,教学文本却是"小鸟呢,也一样的歌唱,小鸟唱得厌倦了拍拍翅膀,啄着胸部的羽毛,把全身吹涨"④;囚人眼中的春天,社会文本为"他想着照进铁槛里的太阳光;想着紫罗兰的香气,这花春天在窗外开放得很盛的"⑤,而教学文本为"他的不彻底的思想从脑海中涌出;记得春天时候仿佛也是这个景象,但还有紫罗兰的香气"⑥。从编者对社会文本的加工改写中,我们可以看出对于文学的个性化表达中最突出的描写部分,编者都予以了处理。如"鸟娇声啭了一

---

① 胡愈之:《堡寨上的风景》,《东方杂志》1920年第3期,第108页。
② 周予同等编《新学制国语教科书》第4册,胡适等校订,商务印书馆,1923,第61~62页。
③ 胡愈之:《堡寨上的风景》,《东方杂志》1920年第3期,第108页。
④ 周予同等编《新学制国语教科书》第4册,胡适等校订,商务印书馆,1923,第61~62页。
⑤ 胡愈之:《堡寨上的风景》,《东方杂志》1920年第3期,第108页。
⑥ 周予同等编《新学制国语教科书》第4册,胡适等校订,商务印书馆,1923,第61~62页。

阵"这样形象化的表达调整为"歌唱";囚人对于春天紫罗兰的想象"这花春天在窗外开放得很盛的",则调整为"也有这个景象",形象性、个性化的表述统一调整成了规范的中性词语。但编者在加工改写中,也体现了其对于文学教学文本的理解,即文学教学文本的加工改写应该添加一些好词好句,如将"这时候是秋天"改写为"秋高气爽",令人遗憾的是"秋高气爽"这样的景物描写具有程式化的特点,而不再是安徒生原作中个性化的表达方式。

第五,对"的""在""是"做了调整,文法更加规范化。从编者对社会文本的改写来看,译作中的欧化程度得到了部分的纠正,主要体现在三个方面。其一,"在"的欧化程度得到调整。刻画铁槛四周的景象,社会文本"在我们背后,堡寨嶙嶙峋峋的排列着,四周全是庄严的树木";"鸟从铁槛上飞走,太阳光不见了,在那狭小的牢里,一切重又暗黑"①,而教学文本中为"这堡寨嶙峋的排列着,四周全是庄严的树木";"小鸟回巢去了,太阳光也不见了"。② 在外文表述中,表示处所的词语往往前面要用"在",如"在家里"。欧化语法中,句首处在"在……"的形式比较常见,如句子中"在我们的背后""在那狭小的牢里"都是这种欧化表达的例子。但是中国传统语言中,句首表示方位,

---

① 胡愈之:《堡寨上的风景》,《东方杂志》1920年第3期,第108页。
② 周予同等编《新学制国语教科书》第4册,胡适等校订,商务印书馆,1923,第61~62页。

一般不用"在",如"北冥有鱼,其名为鲲"。编者对社会文本中欧化的部分做了调整后更加符合中国人语言表达习惯,如"小鸟回巢去了"而不是"鸟从铁槛上飞走"。其二,"的"使用范围的泛化得以纠正。描写犯人所在的铁槛,社会文本"房子里边巡丁守着的所在,更是黑魆魆的,但还没有像铁槛里边那般黑暗;那是犯罪的坏人关着的地方。快落下去的太阳光,照在那空洞的屋子";"那愁闷野蛮的犯人,很酸辛的注视着冷淡的太阳光";"他不十分的明白的一种思想,在他心上涌出";"猎人吹角的声音,现在很明了活泼的听到了"[1]。而教学文本调整为"堡寨的附近有几间悲惨黑暗的屋子";"太阳快要落下去了,但对着人们还是一样的照耀";"那锁着铁链的人,呆呆的观望着";"他的不彻底的思想从脑海中涌出";"猎人吹角的声音在那里传来了"[2]。在外文中,"的"的使用常常有两种功能,一种为定语标志词,用来标记定语和中心语的相互关系;另一种为状语标志词,用来标记状语和中心语的相互关系。在社会文本《堡寨上的风景》中,"守着的所在""快落下去的太阳光""空洞的屋子""野蛮的犯人""冷淡的太阳光""明了活泼的听到了"皆为此类。另外,有的定语常常不只一个,如"犯罪的坏人关着的地方""十分的明白的一种思想"。而在中国语言中,

---

[1] 胡愈之:《堡寨上的风景》,《东方杂志》1920年第3期,第108页。
[2] 周予同等编《新学制国语教科书》第4册,胡适等校订,商务印书馆,1923,第61~62页。

则可以省略部分"的",如"鸟语花香"。编者对于"的"字的泛化进行了纠偏,如"太阳快要落下去了",而不是译作中的"快落下去的太阳光"。其三,结构"是……的"的使用得到调整。在作者抒发感慨的部分,社会文本"太阳对好人和歹人,是一样照着的";"鸟对好人和歹人是一样的歌唱着的";"在那狭小的牢里,一切重又暗黑,在那歹人心上,也是暗黑"①。而教学文本为"但对着人们还是一样的照耀;小鸟呢,也一样的歌唱";"几间狭小的罪犯室里变成黑暗的所在,那些罪犯的心上也都变成黑暗"。在外文中,形容词不能单独使用,必须要使用"是"。"花是红的柳是绿的"便是此类用法。② 因此,在欧化语法中,"是……的"结构较为常见。社会文本中,"是一样照着的""是一样的歌唱着的"皆为此类。但是在句子中,仅使用一个"是",则显得不顺畅,如"歹人的心上,也是暗黑"。但是在汉语表达习惯中,形容春天不需要使用"是"而直接说"花红柳绿"。这便有了编者改写行为的发生,如改为"罪犯的心上也都变成黑暗",而非保留其直译为"歹人的心上,也是暗黑"。经过编者对社会文本的改写加工,我们可以看到欧化的程度有所减轻,更加注重通顺连贯的一面。但是从"堡寨的附近有几间悲惨黑暗的屋子"这些修改后的句子中,我们仍然可以

---

① 胡愈之:《堡寨上的风景》,《东方杂志》1920年第3期,第108页。
② 例子来源于王力对"欧化的语法"研究,王力:《王力文集》第2卷,山东教育出版社,1985,第460页。

见到欧化的迹象。

总的说来,《堡寨上的风景》从社会文本到教学文本的转变,更多地体现在文学个性的表达被不断地规整化,并被纳入正确范文的轨道,包括如下方面:选文段落更加整齐有序,段落中结构更加符合标准段落结构要求,内视角被外视角取代,以及文法更规范等方面。

第四章 研究教学

外国文学选文的专业聚焦与教学回顾

中国语文学科中的外国文学教育及研究已有百年历史，自新文化运动前后，中国语文便展开探索，逐渐形成了中国特色的优良传统。回顾历史，科学和民主成为当时教育界追求的目标，这也使得当时教育界人士在外国文学的教育和研究方面进行了诸多探索。

自教育来看，新文化运动时期，教科书选文水平参差不齐，外国文学教学无经验可参考，但新文化运动时期的优秀教师绝不是教科书亦步亦趋的跟随者。他们一方面对教材进行编织重组、确定人文问题、开展外国文学教学，彰显出自身优秀的教师素养；另一方面，他们大胆引进西方当时的教学方法，如设计教学法、道尔顿制等，并开始在中小学国文教育特别是外国文学教育中使用，直接促进了中学国文外国文学教育的发展。这些优秀的教师是外国文学教育的先行者，也是实践创新的探索者。正是在卓越教师的探索和指导下，学生们经由外国文学文本的阅读、讲解和接受，培养了自身母语表达、母语创作能力，也获得审美愉悦，丰富了情感体验，提高了文化素养这些工作也将会塑造新青年人格、发展民族精神，改变中国人的精神面貌，提升中华民族文化软实力。

这一时期外国文学教育研究聚焦外国翻译文学入选中学国文教科书的意义探讨上，并形成了较为丰富的讨论成果，也加深了教科书选择外国翻译文学的认识。诸多学者都谈及外国翻译文学作品对学生学习兴趣的带动作用。外国翻译文学能够提升学生对语文学习的兴趣，主要有以下几个原因。一是能够引起学生的好奇心，人们总是对异域世界和异域情调有一种好奇心和探究精神,虽然这种心理倾向自发而又短暂,但它是兴趣的开始;二是外国翻译文学多刻画现实生活,饱含丰富的情感。五四之后教科书中外国翻译作品多为小说等叙事性作品,学生通过阅读这类文本可以提高发现身边事物的能力,并且更加能够随着人物活动去进行情感的体验、丰富自身的情感,从而提高国文学习的兴趣。从学生兴趣和现实社会需要方面来确定翻译文学的教育意义,与中学国语课程纲要时期注重解决社会问题与人生问题、尊重学生本位思想潮流有关。但也有部分研究者开始将兴趣、社会需要与文学形式相结合,更注重国文教学的学科特征。

第一节 "国语纲要"时期初中语文外国文学教育研究

1923年,南京东大附中穆济波开展的道尔顿制下外国文学教学实践活动,凭借其深厚的学科涵养、宽阔的文化视域、严谨的教育研究、勇于创新的教学实践,留下了宝贵的教学经验。我们重新聚焦其围绕外国文学作品开展的独特阅读教学形态——群文阅读教学,从教学内容、教学实施、教学效果三个方面展开回顾与研究,这对我们探讨当下外国文学教学,解决将汉语言、思维、审美、文化如何进行有机整合、以便共同提升学生语文核心素养的问题有着重要的启示作用。

一　东大附中穆济波初中语文外国文学群文阅读教学内容

东大附中穆济波和初中学生聚集在一起，以《初级中学国语文读本》中两篇外国文学作品为纽带展开教学活动，其目的是把学生培养成"有思想，有作为，有修养，在中等教育范围以内，有充分使用本国语文技能的新中国少年"①。根据课堂教学状态，我们可以看出教学内容的确定与教科书文本、学生的学、教师的教等要素密不可分。学生的学在目前无从进行情境还原，因此我们的分析聚焦在教科书文本和教师的教学实践两个层面。

（一）穆济波外国文学群文阅读教学内容受教科书文本内容制约

新文化运动时期，穆济波教学选用上海民智书局初版的《初级中学国语文读本》（1923），教科书文本内容自然会限制教学内容。以法国作家嚣俄（雨果）《沙葬》、波兰作家显克微支《二草原》为例，两篇文本均在教科书第三编中，选文编排顺序如下。

一、不朽论（胡适）；二、今（李大钊）；三、沙葬（[法国]嚣俄，奎章）；四、一个人的生活（梁漱溟）。……十、人类的将来（朱执信）；十一、自杀论（陈独秀）；十

---

① 穆济波：《中学校国文教学问题》，《中等教育》1923 年第 5 期，第 1~25 页。

二、烦闷（冰心）；十三、二草原（［波兰］显克微支，周作人）；十四、精神独立宣言（［法国］罗曼·罗兰，张松年）十五、智识阶级的使命（［俄国］爱罗先珂，李小峰等）；十六、到何处去（徐玉诺）；十七、心悸（朱自清）；十八、自由（郑振铎）。①

综观上述选文课目，同时参照穆济波对每篇选文主题的分析②，我们可以发现其具有如下特征：第一，教科书虽为选文型教科书，但选文之间已按照新文化运动时期的人文话题进行了编排。例如：《不朽论》《今》《沙葬》三篇课文都与时间、生命相关；《今》呼吁人们抓住今天，时不我待；《沙葬》则告诉我们死亡是人最后的归宿，无法抗拒。第二，有些选文之间的组合关系并不明晰，如第十四课到第十七课四篇选文，《精神独立宣言》号召知识分子精神不要被帝国主义战争所利用，爱罗先珂《智识阶级的使命》则强调作为知识阶级应承担的责任，徐玉诺的《到何处去》讲述内战频仍时代中国土匪烧杀抢掠给人民带来的灾难，朱自清的《心悸》以诗歌的形式抒发诗人内心因亲情而带来的感动。我们可以认为《精神独立宣言》《智识阶级的

---

① 孙俍工、沈仲九编《初级中学国语文读本·第三编》，民智书局，1925，第1~3页。
② 穆济波：《道尔顿制实验班国文科比较教学的报告（续）》，《中华教育界》1923年第10期，第1~19页。

使命》与"知识阶层"主题相关，而《到何处去》和《心悸》则看不出与上下选文间有任何联系。第三，选文组合集中在外国作品和现代作品之间，且这种组合占据主流。如法国作家雨果《沙葬》和胡适《不朽论》、李大钊《今》、梁漱溟《一个人的生活》组合。当然也有一些组合为外国作品，如《二草原》《精神独立宣言》《智识阶级的使命》，但所占比例较小。可以说，教科书选文组合便于群文阅读的教学实施，也引导着群文阅读教学内容的走向。如《不朽论》《今》《沙葬》《一个人的生活》探讨"人如何存活"这一话题，《二草原》《精神独立宣言》等探讨"生命"这一问题。

（二）外国文学群文阅读教学内容的确定需符合教师穆济波教的要求

从新文化时期知识分子主体地位来看，穆济波不仅有其独立人格，还是课标制定者、教科书编者、中学教师、文学研究者、教育研究者等多种身份复合体，这就决定了他在确定阅读教学内容时不可能仅仅是一个教科书执行者。从教科书编写提供的可能性来看，选文之间的组合关系不明晰，其原因与白话文创作、外国文学作品刚入选教科书给编写带来新的困难有关，但其不成熟也恰恰可以为中学教师在教学实践中重新组合选文提供发挥的空间。

当时穆济波担任东大附中初二年级中学语文教学工作，他从教学需要出发对第三编两篇外国文学作品再次组合选文，并以图的形式来呈现，如图 1 所示。

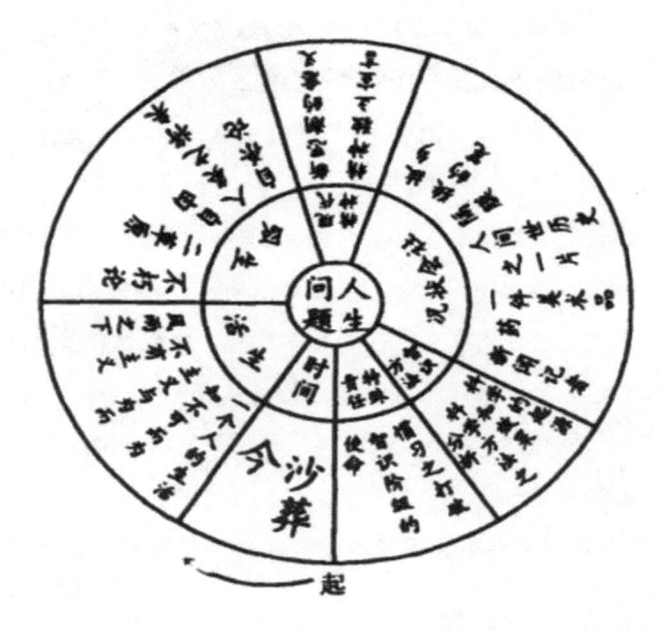

图 1　穆济波对《初级中学国语文读本》第三编选文重新组合

资料来源：南京师大附中编，《南京师大附中》，人民教育出版社，1996，第 97 页。

纵观穆济波对第三编选文的重新组合，我们可以清晰地看到其重组背后对群文阅读教学内容的思考。第一，第三编教科书选文以"人生问题"为重心，群文阅读教学内容体现新文化运动时期语文课程培育新青年的特点。在其选文组合圆周图中，"人生问题"居于圆周中心，其中"人生问题"分为若干类，如"时间问题""生命问题""生活问题"等。在此基础上，他将外国作品和现代作品分别置于各个子主题下。《沙葬》（雨果）

与《今》（李大钊）位于"时间问题"下；《不朽论》（胡适）、《二草原》（显克微支）、《自由》（郑振铎）、《人类之将来》（朱执信）、《自杀论》（陈独秀）则组合在"生命问题"下。他对教科书选文的重组方式，显然受到时代文化语境和自身教育观念的影响。从时代文化语境来看，新文化运动处于民族救亡下的文化转型时代，从崇古到趋新，对传统持"怀疑""评判"[①]态度，蒋梦麟曾感叹当时"问题符号满天飞"。从穆济波的语文教育观来看，他认为教育应该"为人生"，一方面东方文化本身便较为关注人生，"以人生为主体"；另一方面教育本身即以育人为对象的事业，"教者教其为人"，语文学科自然也不例外，因此国文教育便要"养成青年有正确的人生观，努力地创造自己，完成社会，固不可不先示以人生之真义与人生正当之生活之途径"[②]。显然，作为中学教师，穆济波从教育育人的层面，将语文学科纳入教育育人的整体来看待。第二，新文化运动时期群文阅读教学内容也兼顾语文学科培养学生创作能力的要求。对于第三学期的语文教学，穆济波在《重订东大附中高级中学必修国文课程纲要草案》中提及初二语文教学目标，一方面强调要注重育人内涵，"诱导学生对现实的人生，现实的世界有深厚的同情与责任心，能自己渐次建立完美而确定的人生观，鼓励着创造自己，

[①] 张灏：《思想与时代》，上海文艺出版社，2002，第302页。
[②] 穆济波：《道尔顿制实验班国文科比较教学的报告》，《中华教育界》1923年第9期，第1~25页。

以完成社会"①，另一方面也强调应兼顾语文学科性，尤其是要注重对学生表达能力的培养。他提出让学生了解论证的方法，以增强学生论辩的能力。不难看出，在教材约束下，基于教师的教学需要，教学内容就落在了让学生通过文学创作"自由发表思想"②上，同时也提高其论辩能力，最终培养出新时代的新青年。

二 东大附中穆济波初中语文外国文学群文阅读教学实施

关于穆济波当时外国文学群文阅读教学的实施状况，我们将借助廖世承《东大附中道尔顿制实验报告》和穆济波在教育期刊发表的学术论文来大致建构其历史影像。教学实施针对《沙葬》《今》《不朽论》三篇文本的群文阅读展开，三篇文本与"时间问题"这一议题有关，《沙葬》揭示了"时间刻刻都在残酷的杀我们"，人必定死亡；而《今》却指示人们面对必将死亡的命运应该知命乐生，抓住今天；可是人为什么要努力，不努力又怎样——《不朽论》把这个问题阐释得更为明白，认为人应该把"小我"的人生放到"大我"的群体中去，实现不朽③，三篇文本暗含着推进问题解决的内在逻辑，从提出问题到最终解

---

① 穆济波：《中学校国文教学问题》，《中等教育》1923年第5期，第1~25页。
② 何慧君、姚富根编《20世纪中国中小学课程标准·教学大纲汇编·语文卷》，人民教育出版社，2001，第274页。
③ 穆济波：《道尔顿制实验班国文科比较教学的报告》，《中华教育界》1923年第9期，第1~25页。

决学生关于人生的困惑。这样的组合将帮助学生获得"完全的人生观念",并且"小我"的人生应以"社会不朽"为基础,"努力地利用现在"[1],以便能够在未来的人生之路上不断前行。

当时,穆济波采用道尔顿制,教师"指定功课",安排学习任务,学生和老师订立契约,这便是"工约"。教学流程和案例往往以"工约"形式出现,"工约"实施需要场所,这便是"作业室",教师在学生完成"工约"的过程中会及时进行"成绩记录"[2]。下文将从分析《沙葬》《今》《一个人的生活》群文阅读的工约,阐释教学实施步骤及基本特征。"暗示""导入""设问""参考""指示"等教学流程,是研究者为了便于分析所加。

国文科第一周工约

【暗示】:从本组国文科工作概要表上,你们知道这一周所要做的是:精读(1)《沙葬》(雨果著,奎章译),(2)《今》(李大钊),(3)《一个人的生活》(梁漱溟)。

【导入】:现在我要告诉你们这三篇文章有一个总关键,可以把这三篇形式与意义都不相同的文章连锁得起的;你们如果要寻求得这个关键,须先要了解下面几个问题。

---

[1] 穆济波:《道尔顿制实验班国文科比较教学的报告》,《中华教育界》1923年第9期,第1~25页。
[2] 舒新城:《二十世纪名人自述系列·舒新城自述》,安徽文艺出版社,2013,第191页。

【设问】：当你读《沙葬》的时候,你便要想:(1)人生一世,有没有像沙葬一样危险的事情?(2)什么是愈陷愈深愈久愈速可以埋葬我们整个个体的?(3)我们逃不掉的刑罚——残酷的慢吞吞地不快不迟的埋葬——是什么?

【参考】：你如果答不出,你去看《今》(李大钊)。你想:(1)"今"在哪里?"今"何以可贵?今日之我将如何?你如果打起"今之我"的主意,你再去看《一个人的生活》,你想:(1)什么才算是一个人生活的正当道路?(2)没有路如何寻?有了路,如何走?(3)一直走到尽头,如何才可以确保对得起自己?

【指示】：(略)让学生明确作业的内容,进行作业的指导①。

我们仍可看出当时教师对外国文学作品教学做过精细的设计,如将外国文学作品与现代作品组成指向人文主题探讨的群文阅读进行教学,并在教学过程中对不同文本进行比较,相互组合,共同完成人文主题的思索。整个教学的过程如下。第一,课前"暗示"。这可让学生明确本周教学内容及其自习任务。第二,导入。导入有多种方式,在这里,导入不再是讲故事、回忆

---

① 廖世承：《东大附中道尔顿制实验报告》,商务印书馆,1925,第47~50页。

旧知识，而是让学生思考《沙葬》（雨果著，奎章译）、《今》（李大钊）、《一个人的生活》（梁漱溟）三篇选文组合之间的联系点，让学生带着疑问在阅读中尝试解决疑难，教学进程便从提出问题发展到解决问题，这有助于培养学生的深度思维。第三，设问。设问即教师将文学内容和学生的生活体验相联系，让学生结合生活体验去阅读文学作品，把握外国文学作品的内容及作者的生命体验，从而提升学生相应的能力。第四，参考。参考就是将《沙葬》中人生困惑的解决和《今》《一个人的生活》中的观点相联系，寻找解决人生问题的答案。第五，指示。便是让学生明确作业的内容，并指导学生完成作业。不难看出，阅读教学指向人文主题。通过在教学过程中提出具有思维含量的问题激发学生的思考兴趣，以及通过阅读研究、讨论写作发展思维，最后实现塑造学生人格的目的。同时，一篇外国文学作品和两篇现代作品构成一组群文，也打破单篇教学中深挖细抠的局限性。此外，道尔顿制凸显了"学生学习的自由"和师生"合作"的特点，目的是培养"身心完整，适应社会"[1]的儿童，这也顺应了新文化运动时期追求民主、自由、个性的时代新声。

三 东大附中穆济波初中语文外国文学群文阅读教学效果

关于穆济波群文阅读教学效果如何，我们将通过回溯当时东

---

[1] 李甦、康耘坤主编《东陆教育评论（2014）》，云南大学出版社，2015，第52~58页。

大附中学生马培义的笔记来考察。限于历史资料的有限性,我们这里呈现的是外国文学作品《二草原》([波兰]显克微支)和现代文学作品《自由》(郑振铎)组成的群文阅读教学。两篇选文都是短篇的幻想小说,主题都是关于人的生命有限的问题。《二草原》讲述工作的限制,人们想逃避工作而来到死亡之国,梵天因此将苦痛恐怖遍被死亡之国,最后人们仍然不可避免地工作。《自由》关注死亡的局限,在"生之旷原"中,国王、军官、农人、孩子都认为自身不自由,他们都希望得到自由,可是"死之神"允诺的"自由"便是"死亡"。学生马培义在这次群文阅读教学中所做笔记如下:

意义——人生没有永久的休息
《二草原》构象——构象力非常发达,并且内容非常丰富转折非常自然
《二草原》与创造力描写——描写得非常细腻,写"死"是无上的安静幸福
《自由》的比较意义——人生没有永久自由
《自由》构象——构象力薄弱,内容太简
创造力描写——描写太少太粗,写"死"是非常的森严可怖

图2 马培义关于《二草原》与《自由》的笔记

通过上图,我们看到这两篇选文,一中一西,从意义到语言皆充满张力。这次教学在学生马培义身上取得了较好的效果。其一,新文化运动时期群文阅读教学拓展了学生的辩证思维和批判思维,带给了学生关于人生意义的思考,培育了学生的现代人

格。马培义在其笔记中记录了对《二草原》主题的理解,他认为"爱""工作""休息"是构成人生的三大要件,爱给人"悲哀的生活"带来安慰,工作可以让人"各尽所能,各尽所需","人人当一律分任",休息则可以"恢复你的疲劳"[1]。对于《自由》一文的意义,马培义从"好的方面"与"不好的方面"辩证地进行了评析。他认为其好的方面便是告诉人们"人生是没有自由的,所以我们必须尽力的工作,尽我人生的责任;死虽能得自由,但是怎样的森严可怖,所以除此别无他路";不好的方面便是"把人生写得太无意义,照这样过活,是怎样的烦恼痛苦"[2]。其二,这一时期群文阅读教学通过让学生在中西文学比较中"鉴赏形象""咀嚼美感",砥砺出学生规范、雅致、个性、具有一定深度的母语表达力和创造力,最终培养出创造新文学的时代新青年。马培义关注到西方文学比新文学在构象和描写的创造力上更胜一筹。构象上看,《二草原》和《自由》都刻画了生之国和死之国。这些均为日常生活中所未见,且需作家借助想象力去创作的虚拟世界。但是,东大附中学生马培义认为显克微支的"构象力非常发达",他围绕"'生'和'死'幻想出了生之原与死之原、全能的梵天、善的'毗湿奴'和恶的'湿缚'。将人生

---

[1] 穆济波:《中学校国文教学问题》,《中等教育》1923 年第 5 期,第 1~25 页。
[2] 孙俍工、沈仲九编《初级中学国语文读本·第三编》,民智书局,1925,第 111~117 页。

三种要件经过人们三番的请求才给出,从而把内容极力地扩充了起来,并且非常的丰富而自然"。① 而对于郑振铎笔下的"生之旷原""自由""死之神",马培义则认为更多的是一些抽象概念,"全篇设一生的旷原与死之宫,借四个人的对话,写出他自己的意思,内容太简,不能把他扩充起来,构象力稍薄弱"②。从描写上看,两篇选文都刻画了死亡之国,《二草原》中死之国景象一片安宁,"这土地(死之国)也并非不毛,凡目力所能到的地方,看见许多山谷,生满美丽的大小树木;树上缠着常春藤"③;同样是刻画死亡之国,郑振铎在《自由》中展现出了另一种样貌,"大而深陷的眼窝,细而白长的骨骼""寂静""不安""超脱束缚"便是其对死亡之国描述的全部④。对于显克微支描写死亡之国的特点,马培义认为其笔触"自然、细腻,话也非常的紧张",想象"婉妙",描写"细致"⑤,读来亲切可味。对于郑振铎的描写,马培义则认为"四人的对话嫌太单调简单;把生之原与死之宫,没有充分的描写;把死写得太阴森恐怖"⑥。

穆济波在《道尔顿制实验班国文科比较教学的报告》中谈到

---

① 穆济波:《中学校国文教学问题》,《中等教育》1923年第5期,第1~25页。
② 孙俍工、沈仲九编《初级中学国语文读本·第三编》,民智书局,1925,第111~117页。
③ 同上。
④ 孙俍工、沈仲九编《初级中学国语文读本·第三编》,民智书局,1925,第147~148页。
⑤ 穆济波:《中学校国文教学问题》,《中等教育》1923年第5期,第1~25页。
⑥ 同上。

了自己对选文育人、学科育人的思考。首先，立足于其教育理念，他认为就语言学习语言，并非语文教育。对于语文教育而言，情意、德性的培养是其主要的目的，也是教育的应有之义，而语文学科对于语言和知的要求是其次要目的。同时，他认为培养德性也会提升语文能力，从语言能力发展来看，设想"出语行文苟无一贯之思想与统括分析等思想作用，无论如何修改其语句结构，俱为废举"①。其次，他试图构建群文阅读的教学特色，其教学落脚点放在提升学生深度思维能力上。以思维为落脚点，思维与兴趣相关，群文的选择必须能够引起学生的兴趣，这样学生的思考才能不断深入；思维是学生主动的积极思考，教师只是参与指导；指向思维的群文阅读，需要学生对读物有深刻细致的阅读，同时也应有深入的、多角度的理解；群文阅读的思维需要教师构建有意义、有张力的问题作为支架；在教学过程中，群文阅读需要学生"研究""讨论""批评""参考"，学生或"分析"，或"统括"，或"比较"，参与其中；深度思维也需通过写作被外化。

第二节 "国语纲要"时期中学外国翻译文学作品研究

新文化运动时期，指的是从新文化运动兴起后到南京国民政

---

① 穆济波：《道尔顿制实验班国文科比较教学的报告》，《中华教育界》1923年第9期，第1~25页。

府成立之间的近十年时间（1920~1928）。1919年，新文化运动带来了新思想、新文体乃至新的文学观念的变迁，进而使审美教育思潮也得到了进一步发展。时代风尚的变化直接影响了1923年《初级中学国语课程纲要》的内容规划。这一时期，初中国文课程内容发生转变，外国翻译作品成为课程内容的重要组成部分，语体从文言转为白话，文体从实用转为文学，外国翻译文学伴随着课程内容变化进入教科书成为官方知识。这一时期文学界、教育界对教科书中外国翻译文学的讨论集中在三个方面：第一，外国翻译文学是否应该成为国文课程内容的重要组成部分；第二，国文课程内容需要什么样的外国翻译文学，如外国翻译文学是小说还是戏剧、是欧化还是国化等问题都引起过论争；第三，外国翻译文学的教育意义何在，是满足学生兴趣还是满足改进人生、社会的需要。

一 外国翻译文学应该成为国文课程内容的重要组成部分

1917年文学革命被提倡之际，钱玄同在致陈独秀信中提及《青年良好读物》选目，他认为对于不懂外文的学生，有必要多读外国翻译小说，并推荐了胡适的《二渔夫》、周氏兄弟的《域外小说集》及马君武的《心狱》[①]。

---

① 钱玄同：《致陈独秀》，陈独秀、李大钊、瞿秋白主编《新青年·第3卷》，中国书店出版社，2011，第449页。

外国翻译文学之所以能够成为中学国文教授内容的一部分，文学革命倡导者胡适的观点起着举足轻重的作用。在《中学国文教授》（1920）中，他对外国翻译文学作品非常重视。与钱玄同相比，胡适把作品范围扩展到文言语体翻译的外国作品，并明确地表示古文教材编写中以文言为载体的外国翻译文学更为重要，在学生第一学年读近人的文章中，他列举了林纾、朱树人的翻译作品，如《茶花女遗事》《战血余腥记》《撒克逊劫后英雄略》《十字军英雄记》《稿者传》[1]。他在关注文言翻译作品的同时，也积极推荐白话外国翻译小说，如将《侠隐记》《续侠隐记》列在教科书选文范围内[2]。在此基础上，他还设想教科书外国翻译作品不应仅仅局限于小说领域，还应包括戏剧、长篇议论文、学术文等文体。胡适将文言、白话外国翻译文学都纳入了教科书选文范围内，并丰富了外国翻译文学的文体。

1920年《白话文范》首次选入外国翻译文学作品，1923年全国教育联合会颁布了《初级中学国语课程纲要》，明确以"略读书目举例"形式将外国翻译文学作为课程内容重要组成部分。关于课程标准规划下应该选入哪些作品，1923年《学生杂志》组织了国文教学讨论。针对语文课程选文课目问题，周予同、穆

---

[1] 胡适：《中学国文的教授》，陈独秀、李大钊、瞿秋白主编《新青年·第8卷》，中国书店出版社，2011，第12~21页。
[2] 同上。

济波等人纷纷开列学生阅读书目。周予同的书目涉及工具书、学术书、文艺书三类图书，他列出学生应阅读的外国翻译文学作品，如"《爱罗先珂童话集》，鲁迅译，商务印书馆；《工人绥惠略夫》，鲁迅译，商务印书馆；《一个青年的梦》，鲁迅译，商务印书馆；《点滴》，周作人译，北京新潮社出版；《现代小说译丛》，周作人译，商务印书馆出版；《域外小说集》，周作人译，日本排印本群益书局本；《易卜生集》，潘家洵译，商务印书馆出版；《少年维特之烦恼》，郭沫若译，泰东图书馆出版"①。值得注意的是，这个书目中为中国现代文学作品的仅有叶绍钧的《隔膜》，这在某种程度上也反映出当时白话新文学创作的匮乏，外国翻译文学作品相对丰富。同年穆济波在《国文研究法的我见》一文中，针对学生课外阅读开列详细书目，"初中一年级：《爱罗先珂童话集》（商务印书馆）、《点滴》（北京新潮社）、《胡适译短篇小说》（上海亚东书局）、《小物件》（中华书局）；初中二年级：《杜威五大讲演》（北京晨报社）；初中三年级：《现代小说译丛》（商务印书馆，周作人译）、《域外小说集》（群益书局，周作人译）、《现代日本小说集》、《东方文库短篇小说译丛》（商务印书馆）、《易卜生》（第一集）（第二集）（商务印书馆）、《托尔斯泰短篇小说集》（商务印书馆）、《莫泊桑短

---

① 周予同：《中学国文学习法之商榷》，《学生杂志》1923年第6期，第63~72页。

篇小说集》（商务印书馆）、泰戈尔《春之循环》（商务印书馆）、《爱罗先珂桃色的梦》（商务印书馆）、《工人绥惠略夫》（商务印书馆）、《一个青年的梦》（商务印书馆）"①。总的来说，周予同和穆继波开列的外国翻译文学书目仍延续着胡适等人设想的内在精神，白话文言并重，小说、戏剧、诗歌、散文兼顾，不过在内容上比胡适开列的书目更为丰富。

1923年《新学制国语教科书》、《新中学教科书初级国语读本》相继发行，国语教科书开始大量选入外国翻译文学作品，这一选文情况遭到当时教育界的质疑。孟宪承在1924年发表《初中国文教材评议》一文，他认为课程内容、教学内容应该根据教学目标来设定，大量翻译文学作品的入选与教育目标中阅读"平易的古书"、引起"学习中国文学的兴趣"并不一致。他主张文学读本内容应该以"文言文学为主体"，因为文言文已使用了两千多年，可以用来表达精神与思想，写出优美的文学作品。他以《新学制国语教科书》第3册、第4册为例，指出其外国翻译文学呈现出国际化色彩，选文不仅"取材兼收并蓄"，而且国别更为多样，"居然罗列英法俄德等国最新的作品"，体现了"文艺大同的精神"。抛弃几千年来的"文化和学艺"，这种现象在国外教育家看来也不可思议②。在孟宪承的论述中，他已经有

---

① 穆济波：《国文研究法的我见》，《学生杂志》1923年第11期，第64~71页。
② 孟宪承：《初中国文教材平议》，《教育与人生》1924年第28期，第1页。

意识地思考课程内容和课程目标是否一致，外国翻译文学与古文之间是何种关系，世界文学与民族传承之间如何兼顾，以及兴趣和努力如何协调等诸多问题。

经过以上对外国翻译文学是否应成为国文课程内容重要组成部分的分析，可以看出，文学革命者（如胡适）的提倡，出版界（如周予同）的积极参与，国文教育实践者（如穆济波）的积极推崇，使课程标准对外国翻译文学作品的接受度有所提高。但是《初级中学国语课程纲要》颁布施行之后，教科书中编入外国翻译作品选文数量过多的情况，也引起学者反思，他们开始进一步思考文化保存和文化更新之间的辩证关系。

二 欧化语体的外国翻译文学，尤其是外国翻译小说成为国文课程内容的重要组成部分

随着新文学建设帷幕的开启，舆论方面开始提倡白话文学、推崇言文一致，但文学创作并未能及时跟进，毕竟用白话进行文学创作无前人经验可借鉴，只能从域外文学那里获得启发。这一时期，外国翻译文学作品汇入了新文学建设的洪流，成为新文学建设的实绩之一。同时，文学创作需借助俗语、外来语、文言等共同表情达意，这便形成了"五四"之后文学的"国语"。国语教育家黎锦熙称这一时代"国语"为"欧化的语体文"，欧化潮流来势凶猛，影响之大，就连普通话也掺入了外来语的成分。

这一时期，欧化语言与直译的翻译方法密切相关。译者翻译文学作品已不满足晚清时期立足民众教育的豪杰译①方式，他们需要将西方文化思想原汁原味地引进中国，更需要能尽量保持西方文学原意的翻译方式，译文注重"信"与"达"成为这一时期主流。这种译文观成为一种社会风尚，也影响了国文课程内容重要组成部分外国翻译文学的语体样貌。国语运动倡导者钱玄同（1917）在向青年推荐《二渔夫》（胡适）、《心狱》（马君武）、《域外小说集》（周氏兄弟译）等翻译文学作品时，他一方面批驳豪杰译的翻译方式，认为当时的一些文人"用《聊斋志异》文笔"及"别人对译"的方式翻译小说，"多失原意"，并且时常"掺进一种迂谬批评"②，从侧面强调了上述翻译文学作品语言注重"信"与"达"的特点。

1923年《中学国语课程纲要颁布》后，外国翻译文学以

---

① "豪杰译"兴起于中国晚清时期，最初起源于日本明治时期。"豪杰译"在中国的代表人物是梁启超，其翻译的政治小说几乎全部是"豪杰译"。不单单是梁启超，当时著名的文学翻译家林纾、苏曼殊、周桂笙、吴梼、陈景韩、包天笑，乃至鲁迅早期的翻译，也都是"豪杰译"。对于"豪杰译"，王晓平认为：明治初年的翻译者，还常改变原作的主题、结构与人物。严格说来，只能称为"改写"或"缩写"。这种翻译方式，被称作"豪杰译"，或许有译者自命豪杰，挥动大笔，对原作进行宰割挥斥之意。王向远认为："豪杰译"是指对原作的各个层面进行任意改动，如删节、改译、替换、改写、增减及译者的随意发挥。不难看出，"豪杰译"的基本特征为：1."豪杰译"是"相当大胆、不拘小节"的译法；2."豪杰译"基本上都不忠于原文。
② 钱玄同：《致陈独秀》，陈独秀、李大钊、瞿秋白主编《新青年·第3卷》，中国书店出版社，2011，第449～450页。

"略读书目举例"的形式成为课程内容的重要组成部分。诸多学者开始关注外国翻译作品的语体特征,与钱玄同不同,他们更强调教科书中外国翻译作品应在"信"的基础上同时注重语言的"达"。1923年周予同在《学生杂志》针对"几部重要的书籍"开列书目,在所列翻译文学作品书目方面,他特别阐明外国翻译作品选文语体的标准,不选不符合"信达雅"标准的作品,"仅取周氏昆仲及潘郭二君的译品"[1]。从说明中,可以看出他认可周作人、鲁迅、潘家洵、郭沫若的直译的翻译风格,但特别提到了信达雅的统一。1925年,沈仲九在《初中国文教科书问题》一文中,也强调外国翻译文学作品信达的重要性,他认为如果要选择适当的外国翻译作品,"翻译至少须信达"[2]。

周予同、沈仲九正面阐述选文语体应注重信达雅,林轶西在1924年发表的《初中国文读书问题之研究》一文则从反面对外国翻译作品教学中不好的倾向做了批评,认为选文语体欧化给学生文学阅读带来了困难,他在课堂上尝试选用周作人的翻译作品,但大多数学生感到"一种莫名其妙的困难",因为"周先生的语体

---

[1] 周予同:《中学国文学习法之商榷》,《学生杂志》1923年第6期,第63~72页。
[2] 沈仲九:《初中国文教科书问题》,《教育杂志》1925年第10期,第21~80页。

太欧化了"①。林轶西先生进一步指出学生看惯文从字顺的文体，同时又掺入欧化语调，导致在学生中形成了"非欧非中、杂糅不通"语调。

可以看出，教科书中外国翻译文学作品语体，不仅要求译文"信"，即译文要忠实原文，而且要求译文"达"，即译文通达。从外国翻译文学进入教科书开始，注重信达已经成为其选文的重要标准。这种观点避免了教科书外国翻译文学作品因为"信"而硬译的局面，无疑是有见地的。但不可否认，欧化语体方式毕竟偏离了口语通俗表达，造成了学生阅读上的困难。

五四新文化运动不仅带来了语体从文言向白话的转变，还带来了文学观念的转型。传统文学常以有韵无韵来划分文学和杂文学，而现代意义上的文学观念更注重审美特性，美术文、纯文学逐渐被学者们接受，这些纯文学包括小说、诗歌、散文、戏剧等文体。在这四种纯文学文体中，关于小说的讨论最为充分和丰富。

胡适最早提倡外国翻译文学作品进入国文课程，他尤其强调外国翻译小说在文体形式和内容方面的突出特点，并提倡学生多阅读白话、文言翻译小说，白话翻译小说如伍光建的《侠隐记》《续侠隐记》等，文言翻译小说如林纾、朱树人的翻译作品，如

---

① 林轶西：《初中国文科读书问题之研究》，《教育杂志》1924 年第 6 期，第 43~135 页。

《茶花女遗事》《战血余腥记》《撒克逊劫后英雄略》《十字军英雄记》《稽者传》①。何仲英也持同样观点，在《白话文教授问题》（1920）一文中，他认为小说是文学主干之一，其结构新奇，寓意深远，并主张学生可阅读外国翻译小说，如"胡译的《短篇小说》"，并认为现在讲小说，"以时人译著为宜"②。针对小说与教材内容的关系，他专门撰文《国语文底教材与小说》（1920），论文中扩展了翻译文学书目的阅读范围，这些作品包括胡适的《短篇小说》、周瘦鹃的《欧美名家短篇小说》、《俄罗斯名家短篇小说集》及"散见于报章杂志的译体小说"③。除了小说之外，也主张外国翻译戏剧入选教科书，但他对此持较为谨慎的态度，只是"容有一二"，因为外国戏剧"与我国国民生活和思想上不尽吻合"，作为教科书材料的话，难度较高。

1923年，全国教育联合会颁布《新学制课程标准纲要·初级中学国语课程纲要》。《略读书目举例》质疑了外国翻译小说入选课程内容的做法。参与课标制定的专家朱经农（1924）在《教育杂志》上以讨论的形式阐明了自己的观点，他认为大多数中学生都看小说，只是"从前是偷偷地看"，而小说成为课程内容后，"现在是公开的阅读"，好处在于公开之后"教员就可以

---

① 胡适：《中学国文的教授》，陈独秀、李大钊、瞿秋白主编《新青年·第8卷》，中国书店出版社，2011，第12~21页。
② 何仲英：《白话文教授问题》，《教育杂志》1920年第2期，第1~15页。
③ 何仲英：《国语文底教材与小说》，《教育杂志》1920年第11期，第1~14页。

指导",从而让学生有能力从"文学眼光去辨别小说的好坏"。因此,他主张应在略读中加入外国翻译小说,但要对新小说要加以选择,"把有文学价值的介绍给学生看",同时也要去其糟粕,在整理的基础上删去不适合的地方,并且加上"新标点,细分段落,另行出版"。在该讨论中,他还从编选外国翻译小说延伸到文学教育如何处理中国古书和西洋文学的关系上,并认为中国传统古书和外国文学作品都可以帮助学生获得文学的陶冶。

以上对外国翻译小说成为课程内容重要组成部分的论述,可以看出,随着新文化运动后文学观念的转变,文学领域中外国翻译小说为新文学的发生和新小说的创作提供可资借鉴的合适材料。文学领域的新变也逐渐影响到国文教育内容的选择,外国翻译小说开始成为国文教育的重要组成部分,这一转变与文学革命家(胡适)、课程标准制定参与者(朱经农)、教科书编者(何仲英)等学者的参与分不开。

三 注重学生兴趣及人生社会需要的外国翻译文学成为课程内容的重要组成部分

外国翻译小说、欧化语体的外国翻译文学成为国文课程重要内容,是分别从文体、语体两方面来说。在整个 20 世纪 20 年代,学者们还从"引起学生文学兴趣"和"了解社会问题人生问题"两个方面去思考选入什么样的翻译文学。

外国翻译文学要能引起学生学习兴趣,"五四"时期胡适的提倡非常有力。在《中学国文的教授》(1920) 一文中,他以自己学习国文的经历现身说法,一方面认为若对读古文没有兴趣,教学也缺乏成效;另一方面明确提出阅读小说、外国翻译文学利于学生提高学习兴趣,在此基础上也能促进学生国文水平的提高。他认为与其读林纾的古文,不如读"他译的一本《茶花女》"①。何仲英在《白话文教授》(1920)、《国语文底教材与小说》(1920) 两篇文章中,反复强调小说或外国翻译文学能让学生产生兴趣,并可以增长见识。这些小说"结构新奇""寓意深远",在阅读浏览中可以使得"知识长进",学生"也最爱看小说"②,因此他认为在课内课外的教材编选可以多选入小说。这种翻译文学提高学生兴趣论,即使到 20 世纪 40 年代仍有影响,浦江清一方面从兴趣角度看待学生外国翻译文学的阅读,初中学生正是处于"爱读小说的时代";另一方面也从国文新式语法层面认为翻译文学阅读确有必要,他认为学生多读"宋元以来白话小说的菁华"和"现代白话文的短篇"可以让读者"熟练现代新式语体文的语法"③。

翻译文学内容不仅应注重学生兴趣,同时也要关注社会人生。1917 年钱玄同在谈到外国小说特点时,一方面已经关注到

---

① 胡适:《中学国文的教授》,陈独秀、李大钊、瞿秋白主编《新青年·第8卷》,中国书店出版社,2011,第 12~21 页。
② 何仲英:《白话文教授问题》,《教育杂志》1920 年第 2 期,第 1~15 页。
③ 浦江清:《论中学国文》,《国文月刊》1940 年第 3 期,第 6~14 页。

其"细细体察"社会现象,描述起来"绘影绘声""惟妙惟肖""细致确切";另一方面也注意到外国小说用严肃的写作暴露社会真相,他们把"小说看作一种神圣的学问",或者写其"理想的世界"①,或者暴露社会的真相。外国小说无论注重写实还是宣传理想,都与社会密不可分。正是基于这种观察,钱玄同认为青年应多读外国文学、外国小说,同时认为文学界也应输入西洋最新的文学。孙本文在《中学校之读文教授》(1919)一文中,开始探讨世界文学趋势对中国文学教育的影响,他意识到世界文学发展正走向写实主义和理想主义。在世界文学发展趋势的参照下,他认为国文课程内容应选择四类文体,即"写实主义之普通文""写实主义之文学文""理想主义之普通文""理想主义之文学文"。同时,他也明确选文标准,从内容层面选文应符合时代生活、社会人生,具体包括"政治上社会上之情状""至性至情""人物惟妙惟肖""山川风景平实而自然""世事人情""驳事辩理",暗合"近世科学"、简明的"学术流别"、透彻的"说理论事"、"饶有神情"的"韵文"、有兴趣的"普通应用文"、平实的"求学途径文"②。总的说来,钱玄同、孙文本认为教科书外国翻译作品应与社会人生相关。

与钱玄同、孙本文稍不同,1919年沈仲九发表《对于中等

---

① 钱玄同:《致陈独秀》,陈独秀、李大钊、瞿秋白主编《新青年·第3卷》,中国书店出版社,2011,第449~450页。
② 孙本文:《中学校之读文教授》,《教育杂志》1919年第7期,第1~18页。

学校国文教授的意见》一文,认为"国文课程内容(包括翻译文学)更应选择与人生问题相关的文章,如国文研究材料,应该选择与人生最有关系的各种问题为主,以当时新出版的杂志中各个问题文章为辅助。问题文章的选择,既要有兴味,也要适合学生心理、实际生活、现代思潮、世界大势"①。

但注重兴趣、强调社会需要的翻译文学内容观并不为所有学者赞成,在当时也有一些学者对此提出质疑。教育研究者孟宪承一方面承认国文课程新文学的提倡与学生兴趣的关系,新教材中的选文多为"现代文学""语体文",有时还是"翻译西洋文学作品的语体文",文体丰富多样,"小说、诗歌、剧本都有",思想也与现实问题有关,"这种教材当然易于引起兴趣了"②。他也意识到白话语体和人生社会贴近,教学方法也不必拘泥于传统文言教学注重讲解的教学方式,而是可以综合讲解、讨论、表演等多种方法。教师上课时或"逞其雄词博辩",向学生"宣传新主义",试图"解决新问题";或借助"小说故事材料",来打破"破国文教室的沉闷"③;但另一方面他也看到注重兴趣、强调社会问题的国文课程内容观存在带来国文教学失败的危险这种观念里,无论是教材还是教法都一味迎合学生"一时的嗜好与娱

---

① 沈仲九:《对于中等学校国文教授的意见》,《教育潮》1919年第5期,第43~47页。
② 孟宪承:《初中国文之教学:中华教育改进社年会论文之一》,《新教育》1924年第1-2期,第81~90页。
③ 同上。

乐",并没有考虑到他们一生的需要和"国文教学自身目的",若只是通过语体文和翻译文来实现国文教学目的,这"也还是可以根本怀疑的"①。在论述中,他将注重学生兴趣和社会问题的课程内容与学生的努力相互结合,同时也将语体文、翻译文与文言文、古代文学等相互协调,对当时过分注重语体文,过分注重学生兴趣,过分强调社会问题,忽视国文形式的学习进行纠偏。

20世纪20年代,过于关注人生、社会问题,而忽视形式的方面。1925年朱自清发表《中等学校国文教学的几个问题》一文对注重内容进行纠偏,他明确表示国文课程内容(翻译文学)选择应注重内容和形式统一,"内容为经"可以让学生课堂注意力集中,也"与读书的实际亦较相合",而且同一内容的文字集中在一起,便于学生阅读;"体式为纬"主要是规避了同一文体文字组成单元让学生感觉单调的缺点,同时也与"内容为经"相互配合,富有变化。他特别谈到对于外国作品,可以选择体现文学思潮的代表性译作,"短篇选全篇,长篇节选"②。

总的来说,如何选择外国翻译文学作品需要考虑多方面的因素。胡适、何仲英、浦江请从兴趣论角度选择外国翻译文学作品;钱玄同、孙本文、沈仲九则从社会需要、社会问题方面来选

---

① 孟宪承:《初中国文之教学:中华教育改进社年会论文之一》,《新教育》1924年第1-2期,第81~90页。
② 朱自清:《中等学校国文教学的几个问题》,《教育杂志》1925年第7期,第1~11页。

定外国翻译文学作品；孟宪承、朱自清则将学生兴趣、社会需要及文学形式等方面都结合起来，并且更加注重国文教学的学科性特征。

五　结语

这一时期外国翻译文学得以进入中学国文教科书，一方面得益于外国翻译文学作为中国新文学建设重要成果，同时也与同期国语文学创作相对薄弱有关，还离不开文学革命者、出版界开明知识分子、国语教育实践者共同推动，他们或以发表论文形式，或以开列书目形式，共同推动了外国翻译文学成为国语课程内容的重要组成部分，也使教科书外国翻译作品文体以小说为主，并且在语言上追求"信"和"达"的兼顾；另一方面，对于中学国文教科书中外国翻译文学的教育意义，诸多学者都谈及外国翻译文学作品能够引起学生的学习兴趣。

结语

我国初中生初次接触外国翻译作品及文学，始于民国初年。客观来说，这一时期教科书中外国翻译作品编制水平和当下教科书相比仍有差距，且不同教科书的选文之间也存在显著差异，但是我们仍然不能忽视这一时期外国翻译作品选文的价值。毕竟，民国初年教科书选入外国翻译作品及文学，其本质是文化选择。一个时代的人为了维持和延续某种社会秩序，需要对文化传统做出选择并对其加以组织，使之成为能体现于教科书之中进行有效传播的教学内容，从而生成青少年一代对这一文化秩序的认同。民国初年复杂的时代背景要求学生养成独立人格、承担公民责任、培养家国意识，这种观念的隐性渗透反映在母语教科书文化选择的现实指向上，就是个体的精神成长、社会的价值共识和国家民族的复兴。作为文化选择的产物，母语教科书的变迁不仅是选文入选问题，还是一场深层的文化变革。从文言文到白话文，从圣人之学到为人生日用，标志着母语教科书中现代文化秩序的建立。经过不同层次、不同受众、不同范围的传播，人们对母语教科书选文进行经典化选择，一大批有价值的作品代代流传下来，这些作品就包括经典的外国翻译作品选文。民国初年中学国文教科书选入外国翻译作品的同时也伴随着激烈的市场竞争，这些因素都不断推动着外国翻译作品选文的经典化，为后续教科书选择经得起历史检验的经典篇目打下了基础。

一　民国初期中学国文教科书外国翻译作品选编回顾

外国翻译作品被选入初中语文教科书始于20世纪10年代。

1913年,《国文教科书》选入的外国翻译作品多为辑译改写后的短文(如《微菌》《克虏伯》等)。虽然编者并未明确交代作品的外国作者和译者,严格来说这些选文并非真正意义上的外国翻译作品,但是初中语文教科书引进西方文化确实是从选入这些辑译的外国作品开始的,可以视为我国初中教科书选入外国翻译作品的滥觞。这套教科书选入的外国翻译作品多为知识短文,主要涉及时局介绍"动切时势"、当时的科学知识"科学之邮"[1]、人们应当了解的常识"最重常识"、国外的历史知识"外史零拾"[2],等等。具体而言,便是与民主共和相关的政治常识、科学常识、现代伦理精神相关的知识、商品经济知识、文明生活方式知识五个部分。在语言文字的规范性方面,便是要"辞取达意,诉合名理";时代性方面,便要"动切时势"[3]。外国翻译作品选文大多为论说形式,在所有外国翻译作品选文中占比为85%,它们具有严密的逻辑、严谨的结构、透彻完备的说理。一方面作品论说形式与政治宣传诉求相互联系,文质上尤其统一性;另一方面论说文传递了西方民主政治思想及其西方理性的逻辑思维方式,客观上促使了论说文与文学文

---

[1] 潘武评辑《国文教科书·前编》,戴克敦等译,中华书局(上海),1914,第103页。
[2] 潘武评辑《国文教科书·后编》,戴克敦等译,中华书局(上海),1914,第107页。
[3] 潘武评辑《国文教科书·前编》,戴克敦等译,中华书局(上海),1914,第103页。

的分离，对于国人朴实严密的言语表达产生了重要影响。

纵观20世纪20年代外国翻译作品选编的整体面貌，扑面而来的是文学的气息。其一，1920年外国翻译文学作品首次开始选入，之后入选篇目数量不断增加，1920年商务印书馆出版发行第一套中学白话国文教科书——《白话文范》，并且首次选入6篇外国翻译文学作品（另1篇为演讲），莫泊桑、都德等作家的作品都有选入。随着1923年《国语课程纲要》的颁布实施，这一时期选入外国翻译作品的教科书共计5套，分别为《初级中学国语文读本》《新学制国语教科书》《新中学教科书初级国语读本》《现代初中教科书国文》《初中国文读本》。共947篇选文，146篇外国翻译作品在这些选文中占比为15.4%，在146篇外国翻译作品中，翻译小说为122篇，占比为83.6%。其二，这一时期已经开始建构属于本时期的经典选文与经典作家，同时选文具有世界性，共有二十多个国家的文学作品被选入。经典作家排在前五位的为爱罗先珂（15次）、都德（8次）、莫泊桑（7次）、托尔斯泰（7次）、契诃夫（7次），经典作品选入三次以上的为《一件美术品》《我的学校生活一断片》《黄昏》《卖国的童子》，选文内容体现着五四新文化运动之后的时代精神，这些选文不仅宣传进化论思想和反对封建礼教的禁锢，还注重对人的启蒙，主题涉及人生、人性、人道、爱情、妇女等"人的文学"方面，有利于培养学生的人生观。除了关注人生问题，外国翻译文学作品还涉及爱国主题。作品大多也适合学生阅读，大量儿童文学、反映学校生活的文学作品被选入教科书。其三，外国翻译文学作品的语体有文言、白话两种，白话语体占多数。

二 民国初期中学国文教科书外国翻译作品选编的特点及启示

1913年外国翻译作品在中学国文教科书中首次被选入，20世纪20年代外国翻译作品编选进入新变期，翻译文学开始入选，并关注人生问题。民国初年教科书外国翻译作品的编选，无论是"追本溯源""宏大叙事"还是"洞幽知微"，都走出了一条值得书写回顾，并需要总结其经验的道路。

（一）民国初期中学国文教科书外国翻译作品选编的特点

1. 外国翻译作品选编与时代语境、教育思潮存在相互作用的关系。其中包括合作、反对，也包括同化和顺应。① 在这里，我们借用这个词来表示"教育思潮""课程文件""整体面貌"之间既有内在联系，彼此又存在差异。从一致的方面来看，教科书外国翻译作品编选，必然要考虑时代语境、教育思潮和课程文件的要求。以20世纪10年代为例，民初是一个在战火频仍的年代里进行语文现代化的时期，辛亥革命后实利主义教育

---

① 邓伟志主编《社会学辞典》，上海辞书出版社，2009，第56页。

思潮得到提倡，课程内容期待能够体现资产阶级共和国的生活需要，教育需要培养共和国民主体制所需的国民，中学国文教科书外国翻译作品编选了大量与西方政治、经济、科技等相关的知识类文章。从差异的方面来看，时代语境、教育思潮、课程文件和教科书外国翻译作品选编存在歧义情况，《国语纲要》时期，不同出版社的编者自身编写理念的不同，造成不同教科书外国翻译作品选编情况也各异。以20世纪20年代为例，在新文化运动的时代背景下，审美教育思潮蓬勃发展，课程文件文学特色明显。在这一时期，黎锦熙负责校订的《新中学教科书初级国语读本》由于受到"国语文学"影响，选入大量俄国、法国、美国等发达国家翻译文学作品；而胡适参与校订的《新学制国语教科书》则主要受到文学研究会活动的影响，不仅选入欧美发达国家作品，还选入了大量波兰、南非等弱小国家的翻译文学作品。

2. 外国翻译作品的编选与中西文化的碰撞之间也存在密切关联。民国初年，中西文化不断碰撞，在碰撞交流下便构成不同时代的文化语境。反映到不同时代文化语境下的外国翻译作品的选编上，便是选文的数量、种类、国别等的变化，也是选文承载的价值观、知识观的变化。后，新政体需要构建共和国的政体、民族、国家、经济观，外国翻译作品便是共和国知识的载体；五四新文化运动时期，全盘西化声音四起，在西方文化的疾风暴雨中新旧文化开始碰撞，在不断碰撞中西方民主科学思想扩大了传播的范围，外国翻译文学作品关注人的觉醒，承载着西方民主科学文化的思想，这一时期教科书中外国翻译作品的比重平均比重为14%，甚至在《初级中学国语文读本》中比重达到了32.6%。

3. 选编外国翻译作品应包括知识类、文学类等丰富的文本。国文学科是关于语言文字的综合性、实践性运用的学科，而语言文字的运用便是以中国文字构成的各种各样文本为载体进行的，外国翻译作品便是中国文字构成的作品的重要组成部分。从各个不同历史时期的演变来看，民国元年萌芽期的中学国文教科书中选入了知识类（包括科学、政治、地理等）文本，五四新文化运动后新变期的中学国文教科书则编入了外国翻译文学和一些与人生哲理有关的文本。虽然每一个历史时期总是侧重选入某一方面的外国翻译作品，但是从外国翻译作品文本的历史演变情况来看，外国翻译作品内涵十分丰富，不仅仅有文学作品，还有知识类、科学类、哲学类、应用类文章等多样的文本类型。

4. 民国初期教科书编者形塑了外国翻译作品选编的民国风貌。在民国时期教科书中，无论是宏观层面上的时代文化语境、教育思潮、课程文件，还是微观层面上的文本文类，外国翻译作品的选编都与教科书编者有着千丝万缕的联系，可以说正是民国教科书编者形塑了外国翻译作品选文的民国风貌。整个民国时期，众多的教科书编者在编写中学国文教科书时都选入了外国翻译作品，这些编者有潘武、陆费逵、何仲英、洪北平、范祥善、吴研因、周予同、胡适、王岫庐、朱经农、顾颉刚、叶绍钧、孙俍工、沈仲九、庄适、任鸿隽、黎锦熙，等等。民国时期的教科书编者多具有以下特点：第一，有的编者有过留学海外的经历。如胡适、任鸿隽、朱经农等均在美国留学，沈仲九、蔡元培等在德国留学，庄适、孙俍工等则留学日本。第二，基本上所有编者都受过新教育的洗礼。如叶圣陶等毕业于苏州公立第一中学堂，舒新城毕业于湖南高等师范学校，黎锦熙、周予同等在北京高等师范学校或教学或求学，夏丏尊等则在浙江一师或教书或求学，何仲英、洪北平则在南开中学或教学或求学，顾颉刚等求学于北京大学。这些教科书编者经过新式教育的熏陶，在知识结构、价值观念、社会空间上发生了改变。知识结构方面，新式学堂冲击了传统固守传统的文化知识结构，而开始注重"世界的大势"[1]。对此，文学观念也发生改变，从传统文章学到现代狭义纯文学，从传统忠君思想到现代西方人本主义精神，从传统文言文到现代欧化语体和表达方式。社会空间方面，与家塾、私塾狭小的人际交往，新学堂使得乡村儿童与城市儿童在县城、都市相遇，也使得学生的认知空间得到了拓展。他们的认知可以来自与同学的交往、与老师的交流，在社会上的耳闻目睹、报刊的阅读、演讲的倾听[2]等渠道。价值观念方面，经过新教育的知识分子开始以西

---

[1] 郭沫若：《郭沫若选集第1卷·下》，四川人民出版社，1979，第179页。
[2] 杨小辉：《近代中国知识阶层的转型》，上海社会科学院出版社，2011，第78页。

方文化价值中民主、科学、个人、国家作为参照系来重新审视传统、再造文明,在西方文化洗礼下,这些知识分子自然对外国翻译作品产生了文化价值上的认同,也更容易将这些作品吸纳到中学国文教科书中,在选文方面,也会重视"世界文学的趋势""注重写实文学""兼重理想文学"[①]。

(二)民国初期中学国文教科书外国翻译作品选编的启示

我们可以看到,外国翻译作品的选编,一方面受时代文化情境、教育思潮、课程标准的影响;另一方面,其本身也是不同出版社、不同编者基于自身的综合素养,以及各自的理念展开的具创造性的编写过程。回到今天教科书外国翻译作品选编工作中,这也能给我们如何展开自觉的编制工作提供启发,这样的探讨随之也就有了现实的意义。

1. 外国翻译作品选文的增删,是一个建构的过程。当下教科书选文的编选中,外国翻译作品的增删,总是能够引起轩然大波。从民国时期教科书中外国翻译作品编选来看,它是在不同的文化语境、教育思潮、课程文件、教科书编者等共同作用构建而成。这里面至少有多个要素对教科书中外国翻译作品的入选发挥作用:其一,文化语境。每一次选文的编选都处在一定的时代文化语境之中,十年前、二十年前、三十年前编者选文并不一样,因为当时的时代语境在发生作用。文化语境既有选文所处时代的

---

① 孙本文:《中学校之读文教授》,《教育杂志》1919年第7期,第45~71页。

当下关注，也有对传统文化的继承，更有对外来文化的融合，在中西古今的文化碰撞中构建出特定时代下的文化语境。其二，教育思潮、课程标准的影响。编写的教科书往往要在审定后才能出版发行。对于课标来说，它容纳了社会的变迁、知识的更替、学生的变化、政治的需要、文本文质兼美的典范性等多层诉求，但总体来说它体现着官方或者主流的要求，在意识形态的支持下担负着强文本的角色。其三，编者的理解感知。研究者将选文编写定义为编者的"感知课程"，除了哲学诠释学的启示外，也考虑到民国时期选文编写实际。一方面，当时施行的是课程标准制度，从教育宗旨、课程标准明确"教什么"，然后在教科书编写层面进行落实；另一方面，民国时期教科书编者作为公共知识分子，他们有着个人爱好、各自兴趣，在此基础上构建同人学术组织，因为志同道合所以有着较为一致的价值观，即强烈的社会担当及民族意识、注重践行的特征、追求民族独立、具有平民意识。这些公共知识分子呼吁教育独立，有着较为独立的群体人格，同时还是教育家、学术大师、译者、教师等多种身份的复合体，这就决定了他们在理解课程标准时不可能完全是一个执行者。

2. 我国翻译作品选编应兼顾文学与文章。在这一时期，我国教科书选编外国翻译作品呈现文学化倾向。从积极的层面来看，选编外国翻译文学作品可以唤醒学生人性，潜移默化中培养人格，甚至可以提升学生学习外国翻译作品兴趣。但是也不可忽视其消极的层面。一方面，纯文学可能会在提纯的同时，也限制了学生学习多样的语言与文字的可能；另一方面，纯文学难与中国杂文学观对接。纯文学的概念源自西方，它有着西方的知识系统的脉络，外国翻译作品也天然地符合着这一套知识的脉络，但是以西方的文学观来衡量中国文学的价值，甚至把一些最有中国语言文化特质的文学样式排除在外。有鉴于此，民国时期外国翻译作品从纯文学再次回归到文章学。一方面教科书编者选入优秀的外国文学作品，另一方面对于一些科学、地理等知识文章也大量选入。可以说，教科书的外国翻译作品选文应该是一种开放的系统，应该向其他学科开放，尤其在当下全球文化信息文化浪潮下语言的创造、知识的更新、文化的碰撞都比过去来得激烈，"开放"便可以让学生接触到各式各样的语言文字运用，以及获得丰富的信息及多样的生命体验。

3. 编选优质的外国翻译作品选文需培养复合型的优秀编者。改革开放以来，语文教科书编者队伍及外国翻译作品的编选受到专业化影响，懂编辑不一定懂翻译，懂翻译不一定懂教育，懂教育不一定懂语文教育。而反观民国时期教科书编者，如叶圣陶、夏丏尊、陈望道、顾颉刚、胡适、傅东华、朱文叔、施蛰存、赵景深等人，集多种身份于一身。这些教科书编者的复合型身份，使他们在编选外国翻译作品时，在译文、原文、作家个性表述、教科书中规范用语等多种语言中来去自如；可以使他们在出版社的情境、教学情境、作家创作情境、社会情境等多个情境中左右逢源；

这种身份的复合体，也可以使他们不为规矩所牵绊，能够在外国翻译作品选文的选文编选、加工改写、选文组合等方面产生一些奇思妙想；在学院、媒体、政府机构、社会演说过程中也使研究者与社会现实生活、政治动向、教学实际产生了血肉相关的联系。

三 民国初期中学国文教科书外国翻译文学教育的特点及启示

在当前高中语文教育教学改革中，必修课程设置"外国作家作品研习"任务群，文学阅读教学形态从以往的单篇走向群文、专题、整本书，未来外国文学群文阅读教学将成为学界关注的问题。新文化运动时期，穆济波实施的道尔顿制下的外国文学群文阅读启发我们：第一，语文教育，包括外国文学教育，应立足于成人与成才的统一。穆济波立足于成人的教育理念，他认为就语言学习语言，并非语文教育。作为教育，情意与德性的培养是语文的主要目的，也是教育的应有之义；而语文的言文特点、知识的要求是语文学科的次要目的。同时，他认为德性培养也会促进语文能力提升，从语言能力发展来看，设想"出语行文苟无一贯之思想与统括分析等思想作用，无论如何修改其语句结构，俱为废举"[1]。第二，构建群文阅读的教学特色，其教学落

---

[1] 穆济波：《道尔顿制实验班国文科比较教学的报告》，《中华教育界》1923年第9期，第1~25页。

脚点放在提升学生的深度思维能力上。以思维为落脚点，思维与兴趣相关，群文的选择必须让学生有兴趣，这样思维才愿意不断深入；思维是学生主动的积极思考，教师只是借鉴的扶助；指向深度思维的群文阅读，需学生对读物有深刻细致的印象，同时也应有深入的多角度的理解；群文阅读的思维离不开教师构建有意义、有张力的问题作为支架；在教学过程中群文阅读需要学生的"研究""讨论""批评""参考"，学生或"分析"，或"统括"，或"比较"；深度思维也需通过写作加以外化。第三，卓越的语文教师也是教育改革和研究的探索者和实践者。新文化运动时期，教科书选文水平参差不齐，外国文学教学无经验可参考，但穆济波对教材的编织重组、群文的选择组合、人文问题的确定、群文教学的实施等诸方面都彰显了其优秀的教师素养。他们是外国文学教育的先行者，也是实践创新的探索者。正是在卓越教师的探索下，经由外国文学文本的阅读、讲解和接受，培养了学生的母语表达、母语创作能力，获得了审美愉悦，丰富了情感体验，提高了文化素养，从而有助于塑造新青年人格、发展民族精神、改变中国人的精神面貌、提升中华民族文化软实力。

当然，我们也要辩证看待道尔顿制下的自主课堂。毫无疑问，在新文化运动转型时代，提倡自主阅读，尊重每个学生的阅读个性，通过学生们的广泛阅读、回答问题、完成阅读笔记丰富教学内容和教学方法，构建个性化评价，这些都是道尔顿制的进步之处。但这种自主课堂也存在诸多弊端。首先，假设错误。自主课堂建立在学生自我驱动学习前提下，可事实却是：从学生的自我监控、自我实施上看，学生往往很难控制自己。其次，工约设计之难。一套工约要面向课堂中多样的学生，这就使工约的编制困难重重。再次，课堂研究和讨论。研究和讨论需要基于扎实的预习，若缺乏预习环节，自然也不会有高质量的学习。最后，中学教学工作中最需要的不是工约或任务，而是教师的面授指导。师生经现场互动，老师在教学过程中可以随时判断学生的理解状况，或加快进度，或灵活调整。与教授面授相比，布置任务是低效的引导方法。这也是南京东大附中对比实验中国文科目教学实施道尔顿制班级成绩整体不佳的原因。

  最后，在对民国初期中学国文教科书外国翻译作品的选编和教育的回顾中，我们看到：在漫长的异域旅行中，外国文学作品经由译者、编者、读者的加工阐释，在本土文化中扎根生长，具有混血基因的翻译选文获得了中国文学的身份，沉淀在中国人的内心世界里。翻译选文之于现代语文教育，与人的培养相联系，也与百年中国精神文化谱系相联系，它提供给学生一种新的观世眼光和审美方式，使文学从传统的情态中脱胎而出，走向世界化和现代化。正如教科书编者夏丏尊所言，"古典文艺是经过时代的筛子筛过的东西，外国文艺可以说是于时代以外，更经过地域的筛子的"，"我们是中国人，同时是世界的一员，中国文艺当阅读,外国文艺也当阅读"。翻译选文的意义也便在于"广世界之知识,博文学之兴趣",培养具有世界观念的中国人。从民国回到当下,如何在世界文化的激荡中站稳脚跟成为一个重要问题。在全球化背景下的语文教育需要多元文化的滋养,因此,应在博大精深的中华优秀传统文化根基之上,广泛吸收外国优秀文化成果,培养学生善思明辨、博采众长的跨文化理解力。

附录

附录1　民国时期中国初中语文教科书外国翻译作品发展史

我国初中生初次接触外国翻译作品，始于20世纪初。百年中国初中语文教科书外国翻译作品发展史可以分为民国、1949年到20世纪70年代、20世纪80年代到90年代、21世纪以来四个时期。民国时期是中国初中语文教科书外国翻译作品发展史的开端。这一时期外国翻译作品选文有着其独特的价值。其一，这一时期入选的部分外国翻译作品已经开始了其经典化的过程，为后续教科书选择经得起历史检验的经典篇目打下了基础；其二，这一时期教科书编者的编写心态较为自由。本研究将以十年为一个阶段，对民国时期初中语文教科书外国翻译作品发展史做初步探讨。

一　1910年代：知识选文进入，文体论说为主

1913年，中华书局出版了首次选入外国翻译作品的《国文教科书》，这套教科书编辑团队由潘武、陆费逵、戴克敦、姚汉章构成，其中潘武负责评辑，其他三人负责审阅。严格来说，与当时的《中华中学国文教科书》《共和国教科书国文读本》《新

制国文教本》相比,这套教科书影响并不大①,所选外国翻译作品多为辑译改写后的短文(如《微菌》《克虏伯》等)。教科书编者并未明确这类选文的外国作者和译者,客观地说,它们并非真正意义上的外国翻译作品,但是我们可以视之为我国初中教科书选入外国翻译作品的滥觞。

  1911 年,辛亥革命颠覆封建君主专制,中华民国成立。当时的教育思潮最为重视实利教育(也称之为"智育"②),从清末教育宗旨尾部跃居民初四项宗旨的第二位。为此,编辑团队对辑译的外国翻译作品有着清晰的定位,均将它们编辑在前、后编的下卷"智识卷"中,"智识卷"选入的均为知识短文,目的是"以药虚浮而祛陈腐"③,在这里"虚浮""陈腐"指的是传统教育中经学的德性论述,而"智识"则是共和国教育下新的知识谱系。这套教科书的编写目的与当时的课标《国文要旨》的精神相一致,民初国文教育目标认为国文应"涵养文学兴趣""兼以启发智德",将"智识(知识)"放在"道德"前面,在课程标准对于智识(知识)、品德、文学的语词顺序的排列背

---

① 黎锦熙:《三十年来中等学校国文选本书目提要》,《师大月刊》1933 年第 2 期,第 1~23 页。
② 蔡元培认为,在教育层面,军国民主义属于体育,实利主义为智育,公民道德和美育皆属于德育。参见蔡元培《对于教育方针之意见》,陈元晖主编《中国近代教育史资料汇编学制演变》,上海教育出版社,2007,第 618 页。
③ 潘武评辑《国文教科书·前编》,戴克敦等译,中华书局(上海),1914,第 103 页。

后，暗含着其通过国文学习认识论逐渐代替以往的德性论的意图。

这套教科书中外国翻译类知识短文主要涉及以下方面：时局介绍"动切时势"，当时的科学知识"科学之邮"[1]，人们应当了解的常识"最重常识"，国外的历史知识"外史零拾"[2]，等等。具体而言，便是与民主共和相关的政治常识、科学常识、现代伦理精神相关的知识、商品经济知识、文明生活方式知识五个部分。政治常识部分：辛亥革命成功后，共和国家新建，选文主要向学生们普及资产阶级共和国有关知识；或涉及现代共和国家的政治制度，如《国家》《政体之别》《宪法》《法律》等；或引导民众履行义务同时也享受自治权利的，如《共和国民之责任》等；或通过域外共和国革命进一步证明辛亥共和革命合法性的，如《英国宪法之由来》等。除介绍政治常识外，编者还向学生普及西方商品经济、科技、西方历史文化等常识。经济方面，经济常识已经从强调传统中国的重农抑商转变为提倡现代商品经济常识。教科书选入了大量选文，如《主权》《国债》《洛克菲兰》《南洋诸岛致富强说》，从这些题目我们不难感受到：人们迫切希望更新金融知识、施行金融法

---

[1] 潘武评辑《国文教科书·前编》，戴克敦等译，中华书局（上海），1914，第103页。
[2] 潘武评辑《国文教科书·后编》，戴克敦等译，中华书局（上海），1914，第107页。

规、转变现代企业制度、重塑国家的富强。科技和生活方面，《利用天然力》《历》《铁路之关系》《微菌》等作品被大量编选，它们紧盯发达国家科技的变革、关注现代科技下时空的变迁、着力介绍现代传媒和文化设施、传播现代环境健康的理念。

选文充分体现民主共和的思想内容，在语言文字的规范性方面，便是要"辞取达意，诉合名理"；时代性方面，便要"动切时势"①。外国翻译作品选文大多为论说形式，在所有外国翻译作品选文中占比为85%，它们具有严密的逻辑、严谨的结构、透彻完备的说理。一方面，作品论说形式与政治宣传诉求相互联系，文质上尤其强调统一性；另一方面，论说文传递了西方民主政治思想及其西方理性的逻辑思维方式，客观上促使了论说文与文学文的分离，对于国人朴实严密的言语表达产生了重要影响。论说文对国文发展的促进作用并不仅仅在严谨的文章结构方面，对于语言词汇（如"人类""社会""健康""卫生"等）、语法结构（如"人必以慎重卫生保全健康为惟一要图"）、语体风格都产生积极作用。卫生、民族、世界等词语，借助翻译及其教科书的传播，从"蛮夷"的词汇成为"龙的传人"学习的内容。正是由于这些语言符号的传播和使用，它们极大地改变着民国初

---

① 潘武评辑《国文教科书前编》，戴克敦等译，中华书局（上海），1914，第103页。

年国民的思考问题的方式,也重构着当时国民的知识、信仰、观念和思想。

二 20世纪20年代:翻译文学入选,关注人生问题

1919年五四运动到1927年国民政府南京定都,这一时期最鲜明的特点便是新文化运动蓬勃开展,现代民族意识开始觉醒,人们的思想得到空前解放。综观外国翻译作品选文的整体面貌,扑面而来的是文学的气息。其一,外国翻译文学作品开始入选,选文内容体现着五四新文化运动之后的时代精神,这些选文不仅宣传进化论思想和反对封建礼教的禁锢,还注重对人的启蒙,主题涉及人生、人性、人道、爱情、妇女等"人的文学"方面,有利于学生人生观的培养。除了对人生的关注之外,外国翻译文学作品还涉及爱国主题,但是爱国主题在这一时期并不占据主流。其二,在语体方面,外国翻译文学作品的语体有文言、白话两类,白话语体占据主流。其三,在作品文体方面,小说占据主流,同时作品大多也适合学生阅读,大量儿童文学、反映学校生活的文学作品被选入教科书。其四,这一时期已经开始建构属于本时期的经典选文、经典作家。同时,这一时期的选文亦具有世界性,共有二十多个国家文学作品入选。

笔者曾在北京师范大学图书馆、人民教育出版社进行详细的资料搜集工作,总共有6套教科书,共找到153篇选文。这153篇材料中,小说、诗歌、戏剧、散文、应用文均有入选,大多数

为文学类，占比92.5%，应用文仅占7.5%。

1920年，外国翻译文学开始入选初中语文教科书，商务印书馆出版发行第一套中学白话国文教科书——《白话文范》，并且首次选入了6篇外国翻译文学作品（另1篇为演讲），其中包括莫泊桑、都德等作家的作品。在审美教育思潮兴起的背景下，商业性质的出版社最先闻风而动，率先将作为审美教育载体的外国翻译文学作品选入了中学国文教科书。除此之外，外国翻译文学进入中学国文教科书首先是搭了白话文的便车。由于当时白话文在中学比较流行[1]，白话外国翻译文学也得以推广。其次，与当时普及教育、平民教育也有关。与文言语体相比，白话语体与口语接近，更适用于普及教育，在此过程中，作为白话文学组成部分的白话外国翻译作品便有了进入中学国文教科书的可能。最后，也受认同新文学的编者们的推动。胡适等新文学家"意见领袖"的不断推动，逐步影响了南开中学国文教育工作者洪北平、何仲英的教学观念[2]，也改变了其教科书选文理念，在新编选理念下，作为新文学重要组成部分的外国翻译作品也进入了国文教科书。

1923年《国语课程纲要》颁布实施，这一时期选入外国翻译作品的五套教科书都不约而同地打起了"国语""国文""新学制""现代"旗号，这些教科书分别为《初级中学国语文读

---

[1] 洪北平、何仲英编《白话文范参考书》第1册，商务印书馆，1921。
[2] 洪北平、何仲英编《白话文范参考书》第1册，商务印书馆，1920。

本》(孙俍工等,1923)、《新学制国语教科书》(周予同等,1923)、《新中学教科书初级国语读本》(沈星一,1924)、《现代初中教科书国文》(庄适,1924)、《初中国文读本》(北京孔德学校,1926),不仅有商务、中华、民智等版本教科书,还有学校参与编写的校本教材,它们都选入了外国翻译作品。这一时期外国翻译作品选文呈现如下特点:1.外国翻译作品比重增加,且外国翻译小说最为突出,146篇外国翻译作品在947篇选文中占比为15.4%,在这些外国翻译作品中,122篇翻译小说比重便占到83.6%;二、开始形成经典作家,选文国别多样。这一时期开始建构经典外国文学作家,入选7次以上的作家分别为爱罗先珂(15次)、都德(8次)、莫泊桑(7次)、托尔斯泰(7次)、契诃夫(7次),经典作家及作品或呈现出多样化特征,如爱罗先珂,其作品涵盖了儿童文学、演讲词等多种类别;或呈现出类型化特征,如都德,其作品主要与普法战争相关。选文在突出经典作家的同时,囊括了23个国家的作品,发达资本主义国家和弱小国家作品皆有入选,排在前五位国家为俄国(47次)、法国(27次)、日本(15次)、波兰(10次)、英国(7次);三、教科书中外国翻译文学作品风格转变为"铺张扬厉、激昂慷慨"[1],以入选次数前21位选文为分析对象,这种激昂的现代精神首先体现在

---

[1] 耿传明:《决绝与眷念清末民初社会心态与文学转型》,复旦大学出版社,2010,第9页。

对传统的"怀疑""评判"[1]，如《天演论》（2次）、《世界之霉》（2次）、《狭的笼》（2次）、《一件美术品》（3次）、《杀父母的儿子》（2次）等。昂扬现代精神还体现在对少年的咏叹，咏叹其纯真，对成人世界发出质疑，如《我的学校生活一断片》（3次）、《铁圈》（2次）。当然，除了激昂慷慨的青春与希望之外，还有一种转型期寻求发展的内心焦虑。在这个社会结构转型，新旧文化剧烈碰撞，人的内心失去平衡，各种矛盾在此聚焦，各种人生困惑亟须解答。"文学改革问题""国语统一问题""女子解放问题""贞操问题""婚姻问题""父子问题"[2]。如《黄昏》（3次）、《珊格尔夫人自叙传》（2次）。面对这些转型问题，人道主义便是知识分子构建的新价值，如《航海》（2次）、《三问题》（2次）。需要注意的是，这一时期民族国家意识呈现出"延宕"的现象，爱国主题并不占据主要位置，在入选次数占据前21位的选文中，仅有《卖国的童子》《最后一课》两篇选文与此相关，前者警惕卖国行为，后者塑造了爱国的法语教师韩麦尔的形象。

三　20世纪30年代：文学与应用兼顾，思想和文学并重

这一时期初中语文教科书选入的外国翻译作品在前一时期的

---

[1] 张灏：《思想与时代》，上海文艺出版社，2002，第302页。
[2] 沈星一编《新中学教科书初级国语读本》第3册，黎锦熙、沈颐校，中华书局，1925，第83页。

基础上得到巩固，并不断发展。1927年，蒋介石成立南京国民政府。同年6月，蒋介石再次发动北伐，攻占北京，张学良在东北易帜，中国国民党形式上统一中国。新政权的巩固需要凭借"三民主义"意识形态来进行文化治理，反映在教育上便是渗透三民主义教育思潮。国民政府分别在1929年、1932年颁布施行《初级中学国文暂行课程标准》《初级中学国文课程纲要》，这一时期共有三十多套教科书选入了外国翻译作品的。选文共9145篇，其中外国翻译作品666篇。从这一时期教科书中外国翻译作品的整体面貌来看，主要呈现如下特点。其一，外国翻译作品的比重方面。外国翻译作品在所有选文中的比重有所减少，从20世纪20年代的9%回落为这一时期的7%，外国翻译作品选文的减少，一方面是因为当时试图对20世纪20年代外国翻译选文过多的情况进行纠偏，另一方面是当时现代白话文学创作得到了发展。其二，外国翻译作品选文的内容方面。这一时期在主题上以民族精神、关注社会作为主流，也兼及人生问题，不难看出20世纪30年代启蒙并未因民族救亡而消沉。具体到入选次数排序在前9位的外国作品，5篇选文均与爱国题材相关，这些选文具体为：《最后一课》（23次）、《柏林之围》（16次）、《二渔夫》（15次）、《少年爱国者》（14次）、《燕子与蝴蝶》（11次）。在这些外国翻译作品中，或表露对于民族共同语的珍视，或关心国家的时局，或批判敌人的暴行，或面对他人对国家的侮辱勇敢维护国家尊严，这些选文将现代性的民族国家符号化，中学生在阅读西方文学作品时感受到其中的民族国家意识，并且投入积极的想象，在阅读、想象中重新界定了对现代民族国家观念的认识。同时，随着国民政府政权的确立，民族资本主义经济壮大，资产阶级和产业工人数量增加，劳资冲突构成现代都市的基本问题，大量关于无产阶级的外国作品被翻译、引进。随着社会生活的变迁，教育的内容也需要做出相应的调整，反映到教科书中外国翻译作品的选文方面，排位在前9位的经典选文中，《卖火柴的女儿》（15次）、《我的学校生活—断片》（14次）、《一滴牛乳》（8次）等3篇选文均与社会生活题材相关。其三，文体形式方面，课程标准时期总体上小说、戏剧、散文、诗歌构成的纯文学比重在下降，而应用文比重开始上升，从20世纪20年代的7.5%上升为8.5%。具体到纯文学层面，则表现为：外国翻译文学小说的比重下降，从20世纪20年代83.6%降到59%，下降了24.6个百分点，而散文的比重在增加。其四，语体方面，与中学纲要时期翻译文学白话为主、文言为辅的语体构成相比，这一时期翻译文学选用白话语体的比重更为突出，文言语体比重持续减少。但是即使是纯粹白话的翻译文学，里面也掺杂了较多的文言词汇。

20世纪30年代，在国民党三民主义思潮下，其对教科书的控制和管理也存在裂痕，教科书中外国翻译作品有并非铁板一块，其中至少可以提炼出党义化教科书、民族精神化教科书、生活化教科书、知识化教科书、战时教科书五种类型。第一，党义化教科书中的外国翻译作品。1929 年，朱文叔编，陈棠校订的《新中华国语与国文》开始由中华书局出版，该套教科书经过了大学院的审定，选入了刻画孙中山的外国翻译作品《无畏》（林百克著，徐植仁译）。恰如"编辑大意"所言，"政治兴味"[①]的获得显然不是靠政治常识的灌输就能够达到设想的目标，而应该靠具有党义内容的文学作品来实现。第二，民族精神化教科书中的外国翻译作品。1934 年，由南京正中书局出版、叶楚伧主编的《初级中学国文》编辑大意几乎就是官方主流意识形态的体现，该套教科书尤其注重"唤起民族意识""涵养国民道德""灌输生活常识"[②]。单元主题"民族意识""民族德性""国家与正义"皆属"民族精神"，这类选文共 50 篇，所占比重为 21%，《最后一课》《少年侦探》等外国翻译作品均归为"民族意识"单元。第三，生活化教科书中的外国翻译作品。1931 年，大东书局以编写"国化""生活化"[③] 教科书为舆论导向，由张

---

① 朱文叔编《新中华国语与国文》第 1 册，中华书局（上海），1932，第 1～3 页。
② 叶楚伧编《初级中学国文》第 1 册，正中书局，1934，第 1～4 页。
③ 江恒源在 1931 年（与蔡元培发表《国化教科书》同年）发表《我国中学教育的前途》一文，将"国化"与"社会化"相互联系，认为"国化"便是要从固有社会出发，重视中国社会背景乃至中国整个社会现象，要遵循"教育即社会"。见：江问渔（江恒源）：《我国中学教育的前途》，《教育周刊》1931 年第 69 期，第 23～48 页；江问渔（江恒源）：《我国中学教育的前途（续完）》，《教育周刊》1931 年第 72 期，第 22～43 页。

弓担任主编，蔡元培、江恒源参与校订、编写了《初中国文教本》。在职业教育倡导者江恒源的参与下，张弓以"以生活为中心的编排"，尤其注重"以生活的性质为标准而为教材的排列"①，亚米契斯的《幼儿园》（夏丏尊译），选文刻画的是学生的学校生活，还选入了《三问题》、《燕子与蝴蝶》（戈木列支哥著，周作人译）、《娜拉》（易卜生著，潘家洵译）等翻译文学作品，这些选文或要求学生走进实际的生活，或通过文艺了解人间的纯爱，或通过选文了解妇女家庭的问题。第四，知识化教科书中的外国翻译作品。1932年孙俍工编写由有着左翼背景的、神州国光社出版的《国文教科书》，该套教科书选入外国翻译作品48篇，占比为28.4%，该套教科书通过外国翻译作品选文把握文体知识，编者将文体知识和阅读活动、写作活动结合，通过文体来有效指导阅读，通过文体来教授、学习写作。第五，战时教科书中的外国翻译作品。抗战爆发前后，无论是教育部审定的教科书，还是根据战争需要编写的补充教材都选入了外国翻译作品，如国立编译馆出版孙俍工编写的《中学国文特种读本》，注重通过选文振作民族精神、抵抗外侮，选文包括《柏林之围》《最后一课》《菲希德对德意志国民演讲节录》《誓师》等。

---

① 王恩华、高玉双：《中学国文教学问题》，《师大月刊》1934年第10期，第70~91页。

四　20世纪40年代：外国翻译作品低落，唤起民族意识

20世纪40年代，"民族国家"的忧患成为这一战火纷飞、生死存亡时代的主旋律，战争要求人们以钢铁的纪律来进行反帝革命斗争，教育上也进入了战时教育时期。战时对固有文化、民族文化、党义思想的强调都挤占了外国翻译作品选文存在的空间，教科书中外国翻译作品在生死存亡、硝烟弥漫时代下呈现出低落的发展面貌。其一，外国翻译作品数量不断减少。从《新编初中国文》（朱文叔、宋文翰等，1937）18篇外国翻译作品到《初级中学国文甲编》（1946）2篇外国翻译作品便可窥其一二。其二，外国翻译作品国别不断单一化，《新编初中国文》（朱文叔、宋文翰等，1937）选入了法国、意大利、俄国、日本等国家的翻译作品，而到《初级中学国文甲编》（1946）仅选入了美国、法国两国的外国翻译作品。其三，选文内容方面，这一时期翻译文学在主题上民族精神占据绝对主流。

但是，对民国20世纪40年代教科书中外国翻译作品的研究魅力，并非面对外来侵略的国仇家恨情绪下的选文抗战的特征，而是在整体选文面貌下内部的多样性和丰富性。从当时的时局来看，破碎是民国的特点，抗战带来了巨大的政权分割，国统区、解放区、沦陷区并存，不同的政权下也构建了不同教科书中外国翻译作品选文的丰富面貌；即便是国统区，从抗战中到抗战后，不同的时代话语下教科书外国翻译作品也有着多样的风貌。在

此，我们主要处理抗战中和抗战后国统区初中语文教科书中的外国翻译作品。

抗日战争爆发后，1940年，《重行修正初级中学国文课程标准》得以颁布。国立编译馆开始编写了国定制教科书《初级中学国文甲编》的编写工作，该出版社是一个隶属于教育部、负责出版学术文化书籍和编译教科图书的政府机构，并搭建了由学者和政界人士组成的25人的编辑、校阅、审查队伍。就外国翻译作品选文而言，《初级中学国文甲编》（1946）这套教科书中外国翻译作品仅选入了2篇，分别为《说话的训练》《二渔夫》。选文数量少，主题"战争"化，国别单一，主要为英美，这些是其选文的特点。外国翻译作品选文数量之所以减少，是由于政治内容大量渗透、党义作品的大量入选，客观上压缩了外国翻译作品选文的生存空间。同时，战争要求人们以"钢铁的纪律"[1]来进行反帝斗争，在这一宏大叙事中，体现"个人"的一些外国翻译作品变得"渺小而不切实际"。

随着抗战的结束，国定本《初级中学国文甲编》饱受质疑，以傅彬然为例，他就批评其选文"党化味太重""古文封建思想太浓"[2]。在此背景下，1946~1947年开明书店陆续出版了由叶圣陶、郭绍虞、周予同、覃必陶等人编写的《开明新编国文读

---

[1] 李泽厚：《中国现代思想史论》，东方出版社，1987，第33~34页。
[2] 傅彬然：《抢救在学青年!》，《文汇报》1946年8月18日第6版。

本甲种》。具体到该套教科书外国翻译作品选文方面，这套教科书呈现出如下特点。第一，外国翻译作品比重上升，国别多样。整套教科书共入选121篇选文，其中外国翻译作品共有28篇，所占比重为23.1%。从国别来看，共入选12个国家的翻译作品，其中俄苏作品共入选9篇，占据首位。第二，外国翻译作品主题多样。这些主题包括对固有文化的反思（日本作家鹤见佑辅的《夏季的旅行》），介绍世界的反法西斯经验（苏联作家格洛斯曼的《撤退》、瓦希列夫斯卡所著的《"好儿子"》），追求个人的民主和自由（法国作家左拉的《猫的天堂》、克鲁泡特金的《牢狱生活》），反映底层人民的生活（屠格涅夫的《乞丐》、夏衍改编的托尔斯泰的《复活》），对于科学的关注（奥地利作家萨尔丹《离枝之前》、美国作家马克·吐温的《威尼斯的小艇》、德国作家柏吉尔的《玻璃棺材》），等等。

总的说来，民国初中语文教科书外国翻译作品的发展面貌呈现出较为清晰的四个段落，分别为：20世纪10年代的萌发期，外国翻译作品首次入选初中语文教科书，知识选文进入，文体论说为主；20世纪20年代的外国翻译作品选文发展的新变期，翻译文学入选，关注人生问题；20世纪30年代，外国翻译作品选文的发展持续巩固，文学与应用兼顾，思想和文学并重；20世纪40年代，外国翻译作品选文的发展陷入低落状态，以爱国主题的选文为主。各个时代教科书外国翻译作品与社会政治的结构因素、民国社会文化环境、教育思潮内容产生着较为复杂的互动关系。一方面，不同时代的社会文化环境、教育思潮等影响着教科书中外国翻译作品的风貌，以20世纪40年代为例，救亡图存、保存民族文化的时代主旋律和战时教育思潮对教科书外国翻译作品选编产生了重要的影响；另一方面，研究中也发现民国教科书中外国翻译作品与时代社会文化环境、教育思潮发生歧义的现象，其中原因纷繁复杂，或是国民党统治下内部的裂痕，或是抗战期间政权的分割、国家的破碎，或是不同的出版社不同的编者必然会从不同的时代背景、同人之间的交往、自身编写翻译选文的理念出发，对当时的教育思潮进行各式各样的阐释和解读。

附录2　民国时期语文教科书外国翻译作品的编辑群体

中国近现代历史上发生过诸多具有天翻地覆意义的事件。与之相比，语文教科书编选外国翻译作品，大概很难引起历史研究者的注意。但在文化教育、编辑出版领域，借助使用人数最多、阅读面最广的教科书来构建中国现代公民也是意义丰富且耐人寻味的事件，甚至回顾教科书外国翻译作品的编选历史，对于深刻理解昨天和今天教科书选文的编辑出版仍有特殊意义。但是，如何解读编辑出版史上这一小小的事件，本文将着眼点落在了教科书编辑群体上面，探讨精英知识分子的价值观念、译者身份、同人关系，所处出版社的意识形态及其复合体的身份对教科书外国翻译作品编选多层次、全方面的影响。

一 经过新教育洗礼后的教科书编者更容易对外国翻译作品选文认同

整个民国时期，众多的教科书编者在编写中学国文教科书时都选入了外国翻译作品，这些编者有潘武、陆费逵、戴克敦、何仲英、洪北平、范祥善、吴研因、周予同、胡适、王岫庐、朱经农、顾颉刚、叶绍钧、孙俍工、沈仲九、庄适、任鸿隽、沈星一、黎锦熙、沈颐、朱文叔、陈棠、朱剑芒、魏冰心、胡怀琛、陈彬龢、汤彬华、蔡元培、赵景深、周颐甫、陈椿年、陈彬和、徐蔚南、张鸿来、卢怀琦、戴叔清、张弓、江恒源、马厚文、柳亚子、吕思勉、罗根泽、高远公、史本直、舒新城、施蛰存、盛郎西、朱雯、沈联璧、相菊潭、金宗华、叶楚伧、汪懋祖、孟宪承、夏丏尊、宋云彬、傅东华、陈望道、韩霭麓、韩慰农、孙怒潮、沈荣龄、汪定奕、周侯于、张圣瑜、诸祖耿、刘壬林、吴元涤、张绳祖、沈维钧、胡焕庸、沈润洲、戴增元、金立初、颜有松、宋文翰、张文治、陈介白、方阜云、羊达之、吴伯威、徐文珊、徐世瑛、桑继芬、彭阜、郭绍虞、覃必陶，等等。

这一时期教科书编者具有以下一些特点：第一，部分编者有过留学海外的经历。如胡适、任鸿隽、朱经农等均在美国留学，沈仲九、蔡元培等在德国留学，庄适、孙俍工、夏丏尊、徐蔚南、陈望道等则留学日本，孟宪承等留学英国。第二，基本上所有编者都受到新教育洗礼。叶圣陶、王伯祥、汪定奕等毕业于苏州公立第一中学堂，舒新城毕业于湖南高等师范学校，黎锦熙、周予同、宋文瀚、罗根泽、张鸿来、卢怀琦等在北京高等师范学校或教学或求学，夏丏尊、朱文叔、沈仲九等则在浙江一师或教学或求学，何仲英、洪北平、陈彬龢、赵景深则在南开中学或担任教职或读书求学，顾颉刚、江恒源、陈介白求学于北京大学，马厚文毕业于光华大学，施蛰存则曾求学于震旦大学法文系。

经过新式教育的熏陶，这些教科书编者在知识结构、文学观念、空间感受、价值认同上发生了改变。知识结构方面，新式学堂的课程设置，国文、算学、外语、历史、专业技术等学科兼顾，冲击了传统固守传统的文化知识结构，而开始注重"世界的大势""注重科学的知识"。就国文教育来看，文学的观念也发生了改变，从传统的文章学到现代狭义的纯文学，从传统的忠君思想到现代西方的人本主义精神，从传统的文言文到现代的欧化语体和表达方式。社会空间感受方面，与家塾、私塾狭小的人际交往，新学堂使得乡村儿童与城市儿童在县城、都市相遇，也使学生的认知空间得到拓展。他们的认知可以来自与同学的交往、与老师的交流、社会上的耳闻目睹、阅读报刊、倾听演讲。

价值观念方面，经过新教育的知识分子已经不再仅仅满足于传统固有的文化价值，也不再仅仅囿于忠君的人格依附，而是以西方文化价值中民主、科学、个人、国家为参照系来重新审视传统，再造文明。在对西方文化洗礼下这些知识分子自然对外国翻译作品有着文化价值上的认同，也更容易将这些作品吸纳到中学国文教科书中，选文也要根据"世界文学的趋势"，"注重写实文学"，并"兼重理想文学"。

二 教科书编者译者身份、同人关系、师友情谊影响外国选文编选

对于中学国文教科书中外国翻译作品的编写，除了教科书编者的知识结构、价值观念的影响之外，编者的译者身份、同人关系、师友情意都对外国翻译作品选入教科书产生了直接或间接的影响。

在教科书编写中，有的编者同时也是一位翻译家，译者的身份、好恶自然也会影响教科书中外国翻译作品的入选。傅东华主编的《基本教科书国文》（1931）就选入了自己翻译的两篇外国作品，如《艺术》（高尔斯华绥）、恫吓（皮康），朱文叔编写的《初中国文读本》（1933）也同样选入了自己翻译的外国作品，如芳贺矢一的《月光》、吉田弦二郎的《思母》，夏丏尊、叶圣陶主编的《国文百八课》（1935），夏丏尊专为教科书翻译了外国翻译作品，如《新教师的第一堂课》（田山花袋）、《疲

劳》（木田独步），对于这两篇新的选文编者还专门撰写了文话①来阐明其中的艺术表现手法。

除了个别教科书编者具有译者的身份外，绝大多数教科书编者在出版社工作，并且在工作中与各种各样的知识分子、朋友打交道，最终构成了"知识人社会"②。知识人社会以多种形式呈现，社团便成为构成其网络结构的方式之一。社团提供给知识分子彼此大致认同的知识空间，也有效地组织起分散的知识分子，并且为知识分子的社会文化实践提供场所。以商务印书馆编写的《基本教科书国文》（1932）为例，教科书的编者傅东华、陈望道均为文学研究会成员，从文学观念上都倾向于为人生的文学，在这套教科书中大量入选了文学研究会同人的外国翻译作品，如谢六逸《赫克透战死记（一）（二）》（荷马）、茅盾的《育蚕一夕谭》（卡本脱）、《世界著名之古迹》（卡本脱）、胡愈之的《文明的曙光》（须林娜）、《我的学校生活一断片（一）（二）》（爱罗先珂）、周作人的《童子林的奇迹》（梭罗古勃）、《春天与其力

---

① "文话"主要侧重文章理法，位于每课的两篇文选之前，前后关联，左右照应，使全书成为一个比较完整、比较科学的文章体系，是每课乃至全书的纲领和教学目的，选文是为了配合文话而选的。
② "知识人社会"这一概念由许纪霖提出，知识人随着科举制的废除、传统士大夫阶层瓦解应运而生，这个"知识人社会"与"政治社会"保持适当的距离，并且通过社团、学校、媒体将知识分子组织化。见许纪霖《重建社会中心：现代中国的"知识人社会"》，朱政惠、许纪霖编《史华慈与中国》，吉林出版集团有限责任公司，2008，第628~658页。许纪霖等：《近代中国知识分子的公共交往1895~1949》，上海人民出版社，2008，第1~30页。

量》(爱罗先珂)、《改革》(斯忒林培格)、《沙漠间的三个梦》(须莱纳尔)、《帝王的公园》(库普林)、《晚间的来客》(库普林)、《一滴的牛乳》(阿伽洛年)、刘半农的《猫的天堂(一)(二)》(左拉)、《猫的天堂》(左拉)、《法国马赛革命歌》(黎士礼)、《失业》(左拉)、《流星》(力器德)等19篇外国翻译作品。

除了社团之外,学校也成为知识人构建社会网络的一种重要方式。与传统精英文化人注重从血缘和老乡的关系来构建社会网络不同,新教育之后,"学校""校友""师生""同事"比传统的同宗、同乡有更强的凝聚力。他们有着"共同的师长关系、共享的校园文化和人格教育,使得校友之间有着更多的共同语言和感情认同"[①]。以商务印书馆编写的《基本教科书国文》(1932)为例,编者陈望道曾经在浙江一师任教,与夏丏尊、刘大白、李次九及沈玄庐皆为同事,在这套教科书中编者大量选入了夏丏尊的外国翻译作品,如《始业日》《训话》《夜学校》《少年爱国者》《爸爸的看护者》《少年笔耕》《少年侦探》共7篇选文。1937年陈望道的学生朱文叔编写《新编国文读本》,他不仅收入了浙江一师时老师夏丏尊的4篇译作《少年爱国者》《少年鼓手》《少年笔耕(上)》《少年笔耕(下)》,还选入了当年同窗好友丰子恺的翻译作品《名耀世界的"月光曲"》。

[①] 许纪霖等:《近代中国知识分子的公共交往 1895~1949》,上海人民出版社,2008,第11~12页。

三　教科书编者所在出版社的意识形态对外国翻译作品选文产生影响

整个民国时期编写中学国文教科书的出版社呈现出多样性特征，一般来说，可分为三种类型：具商业背景的，具同人背景的，具官方背景，这些不同类型的出版社有着各自不同的图书出版运行方式，也有着各自不同的教科书文化理念，甚至也有着截然不同的编辑特色。其中，最具有特点的便是商业背景的出版社和同人背景的出版社。

商业背景的出版社，如商务印书馆、中华书局、世界书局等，这些出版社往往"眼观六路，耳听八方，立论力求'平正通达'"[1]，其教科书的编写往往注重执行课程标准的相关要求，在此基础上也注重选文的时代性和特色，如20世纪30年代中华书局出版的《初中国文读本》（朱文叔、宋文翰等，1935），其编辑大意就体现了这一特点，如"一、本书依部颁初中国文课程标准编辑，供初中国文科教学之用。全书分六册，每学期用一册。二、本书编选主旨，一方面顾到文学本身，一方面更注重民族精神之陶冶、现代文化之理解，故除选录成文外，又特约多人，按照初中学生程度，分别撰

---

[1] 陈平原：《思想史视野中的文学——〈新青年〉研究》，陈平原、〔日〕山口守编《大众传媒与现代文学》，新世界出版社，2003，第188页。

述既富兴味,又有内容之文字,编入各册,藉矫从来偏重文艺文之趋向"①。

同人背景的出版社,他们有着共同的治学理念和学术理想,往往有较为鲜明的旗帜,选文的视野也更加远大,胸襟相对来说更加开阔,但是缺乏政府的支持仅仅成为教辅用书,如开明书店等。开明书店由章锡琛创办,汇集了大量的编者,如郑振铎、叶绍钧、傅东华、陈望道、夏丏尊、胡愈之、丰子恺、章克标、徐调孚、朱自清、赵景深、王伯祥、金仲华、郭绍虞、周予同、宋云彬、俞平伯等,这些编辑或是同乡,或是曾经的同学,或是昔日的同事,他们汇集到开明书店,构成了较为松散的同人团体,对于这个同人团体人们称之为"开明书店派",这个知识分子群体有着"密切的关系以及在身份、性情、情趣等方面的共同性"②。以叶圣陶、周予同等人于1946年编写的《开明新编国文读本》为例,为了纠正国民党政府抗战非常时期反动的教科书政策,编者注重选文的"现代精神""与现代青年生活有关涉"③,同时也要易于青年所接受。对国际,要注重选文应该利于"争取人民民主和自由,

---

① 朱文叔、宋文翰编《初中国文读本》第1册,中华书局(上海),1935,第1~3页。
② "开明书店派"的提法及其特征,参见许纪霖等《近代中国知识分子的公共交往1895~1949》,上海人民出版社,2008,第11~12页。
③ 覃必陶:《〈开明新编国文读本〉出版追忆》,中国出版工作者协会编《我与开明:1926~1985》,中国青年出版社,1985,第202~205页。

争取民族解放，肃清法西斯的危害，争取世界的持久和平"，对国内，则要"反内战，反侵略，反独裁，争取民主与和平，争取言论自由"①。

四 教科书编者身份的复合体影响着外国翻译作品选文的编写

民国教科书编者最大的特点便在于其身份的复合性质。之所以我们说这一时期编者身份是复合型，是因为许多民国时期编者是编辑家，也是教育家，还是翻译家，更是作家。早在1920年初版的《白话文范》的编者洪北平、何仲英身上就已经体现出这一特点，洪北平是译者、作家，在南开中学担任国文教学，在商务印书馆担任编者，更是文学研究者。何仲英也集编者、教员、古文研究者等诸多身份于一身。民国时期身兼多重身份的人物数不胜数，如范祥善、吴研因、周予同、胡适、朱经农、顾颉刚、叶绍钧、孙俍工、沈仲九、朱文叔、陈棠、朱剑芒、魏冰心、赵景深、马厚文、柳亚子、吕思勉、罗根泽、高远公、汪懋祖、孟宪承、夏丏尊、宋云彬、傅东华、陈望道，等等。

民国编者的复合型身份，主要由以下几个因素造成。其一，当时出版界、教育界、学术界、文学活动界的相互联系，专业化

---

① 覃必陶：《〈开明新编国文读本〉出版追忆》，中国出版工作者协会编《我与开明：1926~1985》，中国青年出版社，1985，第202~205页。

并不明显。叶圣陶1923年由朱经农介绍在商务印书馆担任教科书编者，参加了文学研究会并且负责《小说月报》的编辑出版工作，同时也进行了文学创作，这些文学作品包括《隔膜》《线下》《火灾》《倪焕之》等①；胡适是北京大学的教授，也可以在1921年前往商务印书馆主持编译所工作②，1930年到1942年，赵景深也同时兼任北新书局编辑、复旦大学教授，可以看出民国时期学院内外具有一定的灵活度。其二，当时教科书为审定制，以及出版行业的高度市场化。教科书的编辑出版是一种实践性很强的工作，在市场化竞争机制下会产生强大的压力，教科书编者的能力自然需要有持续且快速的提升。在中华书局担任过编辑的朱文叔这么回忆他在开始工作时的忙碌"我在中华书局，干的又是编辑教科书……在正项工作以外，又因从前局中人手少，忙不过来，常要你写出稿件来，做夜工"③。在编辑过程中，他跟随张献之研习类书，为读古书和编辑教科书注释打基础，在闲暇之余也不断学习日语，完善自己的知识结构。其三，清末民国知识分子的社会担当。对于清末民国知识分子来说，传播知识开启民智，便要走进现代媒体、教育机构与社会进行演说。正是在这样的文化使命下，知识分子在学院内外、

---

① 叶圣陶：《稻草人叶圣陶散文》，浙江文艺出版社，2010，第73~75页。
② 陈达文：《胡适与商务印书馆——胡适日记和书信中的商务资料》，蔡元培等编《商务印书馆九十年我和商务印书馆1897~1987》，商务印书馆，1987，第573~579页。
③ 朱文叔：《我的自学的经过》，《中学生》1931年第11期，第63~75页。

学校内外、大学和中小学、报馆内外相互穿梭。当然，除了上述因素外，还有时代的动荡、个人的因素等，在此不再一一列举。

　　作家、译者、国文教育家、学者、编者等多种身份集于一身，教科书编者身份的复合型特征为教科书外国作品编选带来了深远影响，用叶圣陶的话来说便是"左右逢源，运用自如"①。面对国文教育"语言规范没有语法错误"、翻译"信达雅"、作家"语言富有个性"的不同要求，编者复合型的身份可以使他们在不同语言中自如地来回穿梭，并在此基础上熔铸成优美的现代汉语。杨义在《现代中国小说史》中对语文教育家叶圣陶的文学创作有过点评，认为他已经把小说当成了一种语言的艺术，他的风格为"中正中见造诣"，"正中"便是符合"现代汉语规范化"，"造诣"便是在"纯净洗练，朴实自然"中，"把一些普普通通的字眼运用得方圆恰切，尺寸精审，富有表现力和暗示力"。② 同样在教科书选文的编写中，叶圣陶也从语言教育的语言使用出发，注重规范与正确，"用词力求正确，造句力求精密，务期与标准语相吻合，堪为儿童说话作文的模范"③，"欲示学生以文章之范，期文质兼美，则文中疏漏之处，自当为之修补

---

① 叶圣陶：《关于编教材——跟江苏农村教材编辑人员的讲话》，叶至善等编《叶圣陶集·第16卷》，江苏教育出版社，1993，第146页。
② 杨义：《中国现代小说史》，人民文学出版社，2005，第337页。
③ 叶圣陶：《〈开明国语课文〉编辑要旨》，叶至善等编《叶圣陶集·第16卷》，江苏教育出版社，1993，第17页。

润色"[1]，在规范的同时也要体现出作品语言风格和造诣，编者就需要对作品"反复咏诵，熟谙作者之思路，深味作者之意旨，然后能辨其所长所短，然后能就其所长所短而加工焉"[2]。叶圣陶的选文加工改写便体现出——一个编者的素养在于如何把握好语言教学的要求、文本的风格、编者的理念之间"度"的问题。当然这也与其作家、国文教育家、学者等复合型身份相关。

  同时，集作家、译者、国文教育家、学者、编者等多种身份于一身，编者也关注选文之间的组合。以宋文翰为例，在选文组合方面，他从编者的身份出发，认为初中国文教科书的组合"采取分组式"，这样选文之间可以"交互错综联类排比，使成为有机的组织"；从语言学家、修辞学家的身份来说，他尤其注意到组合在一起的选文应该"教材的文字表现方法相似，或相异而足资比较研究的"，或者是"教材的文字内容性质相同，相近，或相互有关系的，借以引起学生研究讨论的兴趣，促进其阅读与发表的努力"，还可以是"教材的文字取其同题材的两种译文———一为语体，一为文言"；从教育家的身份出发，他关注教科书内容与学生心理的关系，"关

---

[1] 叶圣陶：《课文的选编——致人教社中学语文编辑室》，叶至善等编《叶圣陶集·第16卷》，江苏教育出版社，1993，第157页。
[2] 叶圣陶：《课文的选编——致人教社中学语文编辑室》，叶至善等编《叶圣陶集·第16卷》，江苏教育出版社，1993，第158页。

于时令或受时间限制的教材,如写景和纪念日等的文字,须妥适地排在相当的季候或某一定的时间"[1]。

总的来说,外国翻译作品经过教科书编者群体的过滤、接受得以入选语文教科书,构成了教科书中外国翻译作品独特的民国风貌。反过来说,也正是由于教科书编者群体的接受,蕴含着复杂的政治、思想、文化观念的外国作品得到了过滤、提纯,符合中国国情、贴近儿童生活、适合儿童阅读的外国翻译作品进入了语文教科书,这些选文经过不断地沉淀成为整个民族记忆的重要组成部分。它们与中国古典作品、现代作品一道构成了中国语文教科书现代性的显著特征,也共同塑造着未来的中国公民。

附录3 收录外国翻译作品的民国中学国文教科书概览(部分)

(一) 1913~1919年

1913年

《国文教科书》(前、后编),潘武评辑,戴克敦等译,上海

---

[1] 宋文翰:《一个改良中学国文教科书的意见》,《中华教育界》1931年第4期,第187~280页。

中华书局，1913年初版

（二）1920～1928年

1920年

中等学校用《白话文范》四册，洪北平、何仲英编，上海商务印书馆，1920年初版

1922年

初级中学《国语文读本》六册，孙俍工、沈仲九编辑，上海民智书局，1923年1月初版

1923年

《新学制国语教科书》六册，周予同等编，商务印书馆，1923年2月初版

1925年

新中学教科书《初级国语读本》三册，沈星一编，黎锦熙、沈颐校，中华书局，1925年8月初版

1926年

北京孔德学校《初中国文选读》十一册，编者自刊，1926年初版（仅收录第9册）

附录4　个案分析中社会文本与教学文本相互对比概览（部分）

小豪杰放洋记①

第一回　茫茫大地上一叶孤舟　滚滚怒涛中几个童子（题目）

莽重洋惊涛横雨，一叶破帆漂渡。入死出生人十五，都是髫龄乳稚。逢生处，更堕向天涯绝岛无归路。停辛伫苦，但抖擞精神，斩除荆棘，容我两年住。

英雄业，岂有天公能妒。历险俾辟新土。赫赫国旗辉南极，好个共和制度，天不负，看马角乌头奏凯同归去，我非妄语。劝年少同胞，听鸡起舞，休把此生误。

看官！你道这首词讲的是甚么典故呢？话说距今四十二年前，正是西历1860年3月9日。那晚满天黑云，低飞压海，濛濛暗暗，咫尺不相见。忽然有一只小船，好像飞一般，奔向东南去。仅在那电光一闪中，瞥见这船的影儿。这船容积不满百顿，船名叫做"胥罗"，曾有一块横板在船尾写着的。但现在已经剥落去，连名也寻不着了。那船所在的地方，夜是很短的，不到五点，天便亮了。但虽系天亮，又怎么呢？风是越发紧的，浪是越

---

① 楷体字为选文对译作的删减部分。

发大的。那船面上只有四个小孩子：一个十五岁；那两个都是同庚的，十四岁；还有一个黑种的小孩子，十三岁。这几个人正在拼命似的把着那舵轮，忽然砰訇一声响起来，只见一堆狂涛好像一座大山一般打将过来。那舵轮把持不住，陡地扭转，将四个孩子都掷向数步以外。

内中一个连忙开口问道："武安，这船身不要紧吗？"武安慢慢地翻起身，回答道："不要紧哩，俄敦！"又向那一个说道："杜番！我们不要灰心！我们须知道，这身子以外，还有比身子更重大的呢。"随又看那黑孩子一眼，问道："莫科！你不悔恨跟错我们来吗？"黑孩子回答道："不！主公武安。"

这四个人正在船面，话未说完，那船舱楼梯口的窗户突然推开，先有两个孩子探头出来，又有一只狗跟着，蹲出了半截身子。那狗三声两声的乱吠；那两个孩子里头有一个年长的，约有十岁左右，急忙忙大声问道："武安！武安！什么事呀？"武安道："没有什么，伊播孙，快回去罢！什么事都没有。"那年小的又说道："虽然如此，但我们怕得很啊！"武安道："别害怕！赶紧回去，坐在床上，闭着两只眼睛，这就什么都不怕了。"那俩孩子兀自不肯下去。只听得莫科忽然喊起来，道："好晦气，又一个大浪来了！"话犹未了，那浪又没命地自船尾轰来，险些都从窗口灌入船舱里。俄敦高声喝道："两位快回去呀！你们不听我们的话吗？"这两孩子方才没趣地下去了。却又有一个探头出来，叫道："武安！你们要我们来帮帮力吗？"武安答道："不，巴士他，你们好好地在里面保护着那年纪小的罢！这里有我们四个人足够了。"

看官！你想这个船在这么大一个太平洋上，更兼暴风怒涛之中，难道就只是这几个小小的孩子吗？别的大人一个都没有不成？这"胥罗"船既然有一百多顿，总该有一个船主，11个副船主，五六个水手，难道单有一个莫科就算了吗？又这船到底为着什么，想往什么地方呢？怪可怜的撞着这场恶风浪，是何缘故呢？看官！若使那时候有别只船在这洋上经过，遇着这"胥罗"船，那船主头一定要根问这个缘由，这些孩子们自然会告诉个明白。但可惜不凑巧，那时这洋面上，前后左右几百里，连个船的影儿都没有呢。

闲话休提，却说日过一日，风势越大，竟变成了一个大飓风。胥罗船好像被波浪吞了一般；那后樯既于两日以前被风吹折，仅剩四尺多长一根木杆；幸亏前樯还在。但风势越急，这孩子们的气力短小，想把风篷卷下来，也做不到。那篷担不起这种大风，只见这樯夹不停地摇动。若使前樯都没了呢，那时这船可不成了个没自由权的奴隶，任由风涛簸弄吗？这孩子们可不是除了束手待毙之外，更没别的法儿吗？他们都睁着两只眼，狠狠地望前望后，却总是蒙蒙暗暗的一寸陆影儿、一点火光儿都看不见。

看看又捱到晚上一点多钟，忽然轰的一声，趁着那风声涛声响起来，只听得杜番疾喊道："前樯倒了。"莫科接口道："不是，却是把篷吹断了。"武安向俄敦道："既是这么着，我们要把这断篷割去。你同杜番二人守着舵轮。莫科,来这里帮我。"看官!须知莫科系在船上服役,自然该有这些航海的阅历。武安曾从欧洲来到澳洲,经过大西洋、太平洋两个大洋,因此也学得些船上的事体。这群孩子们是自然让这两个做主,不消说哩。你看他们两个的本领怎么样呢?他们来到前檐底下,细心察看,只见那篷上边的索吹断了,摇曳空中,幸亏下边未断。他们先把上边的索都割去,仅留靠下四五尺;随将这篷上两面角扳了下来,用绳捆在船面。这样,那船倒反安稳起来了。

　　武安,莫科两个不停的走上走下,好几回险些被那大浪裹将去。足有半点多钟之久,方才回到舵轮旁边,这身子便如雨淋鸡一般湿透了。

　　正当略歇一息,暮地那楼梯的窗口又推开,只见武安的兄弟名叫佐克的探头出来。武安便问道:"广佐克,干什么?"佐克道:"快来,快来,海水漏入船舱了!"武安道:"当真吗?"随即起身走进舱内,只见一个挂灯悬在当中,那十个孩子七横八竖倒在床上,还有那些八九岁大的,怕倒无可奈何,你偎我,我抱你的搅成一团。武安道:"别害怕!我们快就到岸了。"一面点起蜡烛,周围张看,舱内却是有些海水,随着船势左右荡来荡去,但遍找找不出那漏缝儿。这水究竟从哪里来的呢?随后看出,却是因楼梯窗门关不紧,那船面的浪从甲板上流进来的。武安回到舱内,说明缘故安慰孩子们一番,重复回到船面来,已经是两点钟打过了。那天越发好像墨一般,风势一点不减。有时听见一声两声从空中戛然过去,却是海燕的声音。这海燕是从不飞到岸边的,常年在大洋的中心翱翔飘荡。这样看来,这船去陆地越发远了。

又过一点多钟,忽闻轰的一声,好像大炮发于空中。不好了,前樯断了两截;那布篷撕成一片一片,飞向海心去,就和一群白鸥似的。杜番道:"我们没了风篷,怎么好?"武安道:"怕什么!这船趁着浪,不是一样地走吗?"莫科道:"好在浪是顺风,在船尾送过来;但浪太紧了,我们要将身子用绳捆着在舵轮旁边,免致被浪裹去。"说时迟,那时快,莫科话犹未了,只见一堆奔涛足有四五十丈高,从船尾猛奔来,铿铿爆爆,声音乱响,崩落船面甲板。两只救生船,一只舢板,一个罗盘箱台,都掉了下来。那余势还撞到船边,将左边的船栏板都碎裂了。还亏碎了栏板,这水能够流出来;不然,这船受不起这种大压力,定要沉没了。武安、杜番、俄敦三个,被这浪一刮,掷出数丈以外,直到楼梯口,方才把捉得住,却是不见了莫科。武安哎呀一声道:"不好!不好!"随即高声大呼道:"莫科!莫科!"杜番道:"难道掉落海了不成?"俄敦忙向船边探头四望,却影儿也不见,声儿也不闻。武安道:"我们不可不救他。急放下救生水泡,投下绳索罢!"随又连声高喊道:"莫科!莫科!"只听得微微声音答应道:"救命呀!救命呀!"俄敦道:"他没有掉下海,这声音是从船头来的。"武安道:"等我去救他。"赶紧从船尾走到船头,跌了好几跤,方才走到;便又高声喊道:"莫科!莫科！My boy！"却不听见答应。复连叫许多声，只听见微微的答应"呀！呀！"的两声，那声更沉下去了。武安手中又没灯火，只得跟着声音暗中摸索，摸到船头，那绞车盘和轴舻中间有一个孩子横倒在那里，却是已经闷倒，不能出声了。看官，你说莫科因何跑在这里？原来刚才那一阵大浪一直刮送过来，撞着那风篷的绳索，将喉颈勒住，越发挣扎，越发勒紧，如今呼吸都绝了。武安赶紧从袋子里掏出小刀来，把绳割断。好一歇，那莫科才回过气来，便向武安千恩万谢地谢他救命之恩。携着手，回到舵轮之下。

但船既没了风篷，速力骤减，浪不能送船快行，船却陷在浪里，如盘涡一般。这孩子们想找别样的东西代着风篷，也是找不出来，只得"听天由命"了。这孩子们如今别的都无可望，只盼着"天亮之后，风威略减"，或者"老天可怜我们，望着个陆地的影儿"。除非这两样能够有一，这便九死中还有一生之望哩！捱到四点半钟，已见一带白光从地平线上起来，渐渐射到天心。只是烟雾依然深锁重洋，望不见十丈以外。那云好像电光一样的快，滚滚地飞向东方，风势是有增无减。

这四个孩子眼巴巴地望着狂澜怒涛，不发一语，都如呆子一般，各发各的心事。又过了半点多钟，猛然听得莫科一声狂叫起来道："陆！陆！"正是山穷水尽，怜我怜卿，肠断眼穿，是真是梦！

究竟莫科所见到的是陆地不是？且听下回分解。

第二回 逢生路撞着一洞天，争问题俨成两政党。

　　那黑儿莫科瞥见远远一带好像陆影儿，他便狂叫起来道："陆！陆！"但不知果真是陆地，还是他的眼花。武安闻说，便接口道："陆地吗？可是真的吗？"莫科道："是。前面是东方呀！"杜番道："莫不是你错吗？怎么我们都看不见。"莫科道："等那烟雾再开，我们仔细看罢。"话犹未了，烟雾早渐渐破开了。不到一刻左右，前后几里远都望见了。武安道："不错！不错！当真是陆哩！"四人一同观看，东方地平线上有一带陆影，五六里长。按照现下胥罗船的速力，不过一点钟，便可以到那里了。风越发大，船蓦然地向着一直线走将前去。渐次近岸，只见岸上有十余丈高的石壁耸起，石壁前面有黄色的沙嘴，沙嘴右边一簇乔木。武安叫他们三个管着舵轮，自己独到船头细察岸边光景。看哪里可以抛锚湾泊。谁知那岸不但没有一个湾港，却见那沙嘴外面有无数乱石，好像锯一般锋利，现时被湖水浸着，从黑波面上隐约看出他的蜿蜒起伏的痕迹。武安看得清楚，仔细一想，这是行船最险的所在，不如将舱里这孩子们都叫出来船面，预备不虞方好。于是回到楼梯口，揭开窗门叫道："大家都出来吧！"头一个不消说，一定是那只狗了。跟着便是十一个孩子，一哄都跑上来。那年纪顶小的，睁眼一看四面光景，怕得急得要哭起来。这却为什么呢？看官须知，大凡近陆之处，海底渐渐浅了，波浪越发汹涌，俗话叫作埋沙浪的，比那洋心的光景更可怕哩。

附录5　民国中学国文教科书中外国翻译作品课目表（部分）[①]

1. 《初级中学国语文读本》

《初级中学国语文读本》，孙俍工、沈仲九编辑，上海民智书局1922年8月~1923年1月初版，选文共236篇，外国翻译作品77篇，占32.6%，所有选文均为白话译作。发达资本主义国家作品居多，共56篇，其中俄国25篇，法国12篇，日本12篇，德国3篇，英国2篇，美国1篇，意大利1篇；弱小国家共21篇，波兰5篇，瑞典、印度各3篇，挪威、爱尔兰各2篇，犹太、希腊、拉脱维亚、捷克、阿美尼亚各1篇。需要简单说明的是，第五编、第六编北师大民国教科书馆藏及"人民教育出版社民国中小学全文图像库"均没有收藏，

[①] 本课目表在整理过程中参考了郭睿博士学位论文《近代国语（文）教科书外国翻译作品的选录》一文，对于其缺失的课目做了全面的补足，同时对于其统计错误部分也做了修正。课目表的整理过程，也是作为郑国民教授国家社科基金重点项目"20世纪中国文学教育的历史回顾与现实意义研究"的支持和帮助。

研究者根据第 1 册总书目进行整理,作者及其译者结合民国翻译文学书目等整理,其中第六编第 21 课《新春的第一日》研究者难以查到具体作家及译者。

课目	篇名	国别	作者	译者	主题	语体
第一编共 58 课,外国翻译作品 4 篇							
10	世界上所以有灾祸的原因	俄国	托尔斯泰	余愉		白话
36	一个男朋友	俄国	柴霍甫	徐静庵		白话
40	快乐	俄国	库普林	沈泽民		白话
42	都会病的时代	日本	加藤朝岛	白鸥		白话
第二编共 57 课,外国翻译作品 10 篇							
2	三问题	俄国	托尔斯泰	张三眼		白话
12	我的学校生活一断片	俄国	爱罗先珂	愈之		白话
13	忆爱罗先珂华希理君	日本	江口涣	鲁迅		白话
29	春天与其力量	俄国	爱罗先珂	仲密（周作人）		白话
31	一滴的牛乳	阿美尼亚	阿伽洛年	周作人		白话
	珊格尔夫人自叙传	美国	珊格尔夫人	周建人		白话
49	与支那未知的友人	日本	武者小路实笃	周作人		白话
50	从一奥国监狱寄出来的信	捷克	爱梨史	刘慎德		白话
51	大仇人	俄国	高尔基	茅盾		白话
56	爱情与面包	瑞典	史特林堡	胡适		白话

续表

课目	篇名	国别	作者	译者	主题	语体
第三编45课,外国翻译作品7篇						
3	沙葬	法国	嚣俄(雨果)	奎章		白话
13	二草原	波兰	显克微支	周作人		白话
14	精神独立宣言	法国	罗曼·罗兰	张崧年		白话
15	智识阶级的使命	俄国	爱罗先珂	李小峰 瓯甫		白话
21	狭的笼	俄国	爱罗先珂	鲁迅		白话
27	人间世历史之一片	瑞典	史特林堡格	沈雁冰(茅盾)		白话
28	一件美术品	俄国	契诃夫	胡适		白话
第四编共38课,外国翻译作品18篇						
6	战俘	法国	莫泊三(莫泊桑)	章益		白话
7	深夜的喇叭	日本	千家元磨	周作人		白话
9	世界语与其文学	俄国	爱罗先珂	胡适		白话
10	恩宠的滥费	俄国	爱罗先珂	夏丏尊		白话
11	王尔德的散文诗五首	英国	王尔德	刘复		白话
14	老妇人	俄国	屠介涅夫(屠格涅夫)	松山		白话 散文诗
20	一个冬天的晚上	法国	美而暴(米尔博)	六珈		白话
22	社会主义底意义及其类别	日本	高畠素之	陈望道		白话
26	黄昏	波兰	什朗斯奇	周作人		白话
28	杀父母的儿子	法国	莫泊桑	胡适		白话

续表

课目	篇名	国别	作者	译者	主题	语体
31	少年的悲哀	日本	国木田独步	周作人		白话
32	鹧鸪	英国	民歌	周作人		白话
33	你为什么爱我	拉脱维亚	拉忒伐亚库拉台尔	周作人		白话
34	贞操论	日本	与谢野晶子	周作人		白话
35	名节保全了	法国	考贝	真常		白话
36	太戈尔的诗七首	印度	太戈尔（泰戈尔）	黄仲苏		白话
37	父之回家	日本	菊池宽	方光焘		白话
38	察拉斯图忒拉的序言	德国	尼采	鲁迅		白话
第五编15篇,外国翻译作品15篇						
1	卖国的童子	法国	都德	黄仲苏		白话
2	知事下乡	法国	都德	谢冠生		白话
3	瞎子	法国	莫泊桑	孟侃		白话
4	林中	德国	施笃姆	郭沫若		白话
5	红蛋	法国	法朗士	高六珈		白话
6	代替者	法国	考贝	子缨		白话
7	路易金币	法国	高贝	妃白		白话
8	欢乐的家庭	德国	滋德曼	胡愈之		白话
9	活该	俄国	屠格涅夫	耿济之		白话
10	圣诞树前的贫孩子	俄国	陀思妥耶夫斯基	仲持		白话
11	高加索之囚人	俄国	托尔斯泰	孙伏园		白话
12	玛加尔的梦	俄国	科罗连珂	周作人		白话
13	审判	俄国	契诃夫	赵景深		白话
14	异邦	俄国	柴霍甫（契诃夫）	王统照		白话
15	赌采	俄国	契诃夫	秋人		白话

续表

课目	篇名	国别	作者	译者	主题	语体
第六编23篇,外国翻译作品23篇							
1	铁圈	俄国	梭罗古勃	周作人		白话
2	争自由的波浪	俄国	高尔基	董秋芳		白话
3	齿痛	俄国	安特来夫	周作人		白话
4	晚间的来客	俄国	库普林	周作人		白话
5	幸福	俄国	阿尔支拔绥夫	鲁迅		白话
6	卡利奥森在天上	挪威	包以尔(博耶尔)	沈雁冰(茅盾)		白话
7	鸷巢	挪威	般生	蒋百里		白话
8	改革	瑞典	斯忒林培格	周作人		白话
9	忍心	爱尔兰	夏芝(叶芝)	王统照		白话
10	潮水涨落的地方	爱尔兰	唐珊南	余愉		白话
11	金钱	意大利	邓南遮	范郢		白话
12	愿你有福了	波兰	显克微支	周作人		白话
13	世界之霉	波兰	普路斯	周作人		白话
14	影	波兰	普路斯	周作人		白话
15	拉比阿契巴底诱惑	犹太	宾斯奇(平斯基)	沈雁冰(茅盾)		白话
16	扬奴拉媪复仇的故事	希腊	蔼夫达利阿谛斯	周作人		白话
17	疯姑娘	芬兰	亢德	鲁迅		白话
18	归家	印度	台莪儿	仲持		白话
19	邮政长	印度	泰戈尔	王靖		白话
20	星	日本	佐藤春夫	高明		白话
21	新春的第一日	日本				白话
22	乡愁	日本	加藤武雄	周作人		白话
23	B的自述	日本	武者小路实笃	伧叟		白话

2.《新学制国语教科书》

《新学制国语教科书》，周予同、范祥善、吴研因、顾颉刚、叶绍钧，校订者王岫庐、胡适、朱经农，上海商务印书馆1923～1924年初版，共260课，选文共295篇[①]，外国翻译作品37篇，占12.5%，其中文言译作9篇，白话译作28篇。发达资本主义国家作品居多共22篇，俄国9篇，法国5篇，英国4篇，美国3篇，德国1篇；弱小国家作品15篇，新犹太、希腊、瑞典各1篇，南非3篇，芬兰2篇，丹麦2篇，波兰4篇，保加利亚1篇。

课目	篇名	国别	作者	译者	主题	语体
第1册50课，外国翻译作品8课							
9	林肯的少年时代	美国				白话
10	勇敢的纳尔逊	英国				白话
13	鱼的悲哀	俄国	爱罗先珂	鲁迅		白话
23	航海	俄国	屠格涅甫（屠格涅夫）	耿济之		白话
25	堡寨上的风景	丹麦	安徒生	胡愈之		白话
29	同鸡蛋一样大的谷粒	俄国	托尔斯泰	今非		白话
32	我的学校生活一断片	俄国	爱罗先珂	鲁迅		白话
33	美术家的神秘	南非	须林娜	张镜轩		白话
第二册44课，外国翻译作品8课							
8	小豪杰放洋记	法国	焦尔思威奴（凡尔纳）	梁启超		文白

[①] 如第四册第17课《新乐府二首》，研究者计算为1课，但是其中有《缭绫》《杜陵叟》两篇选文，选文篇数计算为2。其他教科书计算方法类似。

续表

课目	篇名	国别	作者	译者	主题	语体
17	燕子与蝴蝶	波兰	戈木列支哥	周作人		白话
20	天演论·导言七	英国	赫胥黎	严复		文言
21	先驱	芬兰	哀禾	周作人		文言
25	卖火柴的女儿	丹麦	安徒生	周作人		白话
35	莫尔斯传	美国				白话
38	荒岛游历记	法国	焦尔思威奴（凡尔纳）	梁启超		白话
42	最后一课	法国	都德	胡适		白话
第三册40篇，外国翻译作品6课					
4	流星	德国	力器德	刘复		文言
5	佛兰克林自传	美国	佛兰克林（富兰克林）	刘文典		文言
15	决斗	俄国	泰来夏甫	胡适		白话
23	禁食节	新犹太	潘莱士	沈雁冰		白话
24	安乐王子	英国	王尔德	周作人		文言
37	二渔夫	法国	莫泊桑	胡适		白话
第四册40篇，外国翻译作品7课					
15	一件美术品	俄国	契诃夫	胡适		白话
18	铁圈	俄国	梭罗古勃	周作人		白话
32	天演论·导言一	英国	赫胥黎	严复		文言
33	世界之征	波兰	普路斯	周作人		白话
35	文明的曙光	南非	须林娜	胡愈之		白话
36	复仇	法国	巴比塞	沈雁冰		白话
39	库多沙菲利斯	希腊	蔼夫达利阿谛思	周作人		白话
第五册40篇，外国翻译作品4课					
11	父亲在亚美利加	芬兰	亚勒吉阿	周作人		白话
30	他来了么	保加利亚	跋佐夫	沈雁冰		白话

续表

课目	篇名	国别	作者	译者	主题	语体
38	一文钱	俄国	斯谛普虐克	周作人		文言
39	罗本舅舅	瑞典	拉绮洛孚	沈雁冰		白话
第六册46篇,外国翻译作品4课						
16	镫台守	波兰	显克微支	周作人		文言
24	黄昏	波兰	什朗斯奇	周作人		白话
26	沙漠间的三个梦	南非	Oli Shrein（须林纳）	周作人		白话
43	巨敌	俄国	高尔该（高尔基）	沈雁冰		白话

3.《新中学教科书初级国语读本》

《新中学教科书初级国语读本》,沈星一编,黎锦熙、沈颐校订,上海中华书局1925年3月初版,118课,选文共119篇,其中外国翻译作品15篇,占12.6%,所有选文均为白话译作。发达资本主义国家作品居多共13篇,俄国6篇,法国4篇,日本2篇,美国1篇;弱小国家作品2篇,挪威、波兰各1篇。

课目	篇名	国别	作者	译者	文体	语体
第1册42篇,外国翻译作品0篇						
第2册36篇,外国翻译作品1篇						
32	沙葬	法国	嚣俄(雨果)	奎章	小说	白话
第3册40篇,外国翻译作品14篇						
2	知识阶级的使命	俄国	爱罗先珂	李小峰、宗甄甫	演讲	白话
3	鸢巢	挪威	般生	蒋百里	小说	白话

续表

课目	篇名	国别	作者	译者	文体	语体
6	祈祷	俄国	托尔斯泰	邓演存	小说	白话
7	珊格尔夫人自叙传	美国	珊格尔夫人	周建人	自传	白话
8	与支那未知的友人的信	日本	武者小路实笃	周作人	书信	白话
16	名誉十字架	法国	巴比塞	沈雁冰	小说	白话
17	战俘	法国	莫泊桑	章益	小说	白话
20	齿痛	俄国	安特莱夫	周作人	小说	白话
21	黄昏	波兰	什朗斯奇	周作人	小说	白话
28	一件美术品	俄国	契诃夫	胡适	小说	白话
31	世界语与其文学	俄国	爱罗先珂	胡适	演讲	白话
33	卖国的童子	法国	杜德（都德）	黄仲苏	小说	白话
34	晚间的来客	俄国	库普林	周作人	小说	白话
35	巡查	日本	国木田独步	周作人	小说	白话

4. 《现代初中教科书国文》（庄适，1924）

《现代初中教科书国文》，庄适编，朱经农、任鸿隽、王岫庐校订，上海商务印书馆1924年初版，共274课，选文总共282篇，外国翻译作品7篇，占2.5%，所有选文均为文言译作。发达资本主义国家作品居多共4篇，意大利3篇，英国1篇；弱小国家作品3篇，阿拉伯2篇，奥地利1篇。

数目	序号	课目	篇名	国别	作者	译者	文体	语体
1	1		第1册48篇,外国翻译作品2课					
1	2	28	亚美利加之幼童	意大利	亚米契斯	包公毅	小说	文言
1	3	48	雪合战	意大利	亚米契斯	包公毅	小说	文言
1	4		第2册48课,外国翻译作品3课					
1	5	14	盗穴	阿拉伯	《天方夜谭》		小说	文言

附录 271

续表

数目	序号	课目	篇名	国别	作者	译者	文体	语体
1	6	28	神坛狼厄	奥地利	爱孙孟著		小说	文言
1	7	42	医院中侍疾之童子	意大利	亚米契斯	包公毅	小说	文言
1	8		第三册46课,外国翻译作品1课					
1	9	38	盲人之言	阿拉伯	《天方夜谭》		小说	文言
1	10		第四册46课,外国翻译作品1课					
1	11	5	肉券	英国	沙士比亚（莎士比亚）	林纾	故事	文言
1	12		第五册44篇,外国翻译作品0课					
1	13		第六册42篇,外国翻译作品0课					

○ 后记

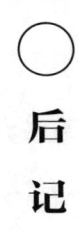

2005年，我在北京和家人一起陪伴父亲进行抗癌治疗。虽然那时条件艰苦，但与父亲相处的日子却无比温馨。父亲化疗时，我给他读报；晚上父亲睡着时，我搬着小桌子在外面忙着硕士作业和相关的课题文献整理工作。在大夫那里，看到父亲检查结果，我内心沉重；在父亲面前，我却要表现得胜券在握、游刃有余；在走廊里忙碌时，我必须立刻静心沉潜。困难的处境，造就了我能够在不同情境中随时调整自己的心态。那时候的我，志向并不是语文教育，而是比较文学。在东北师范大学学习比较文学与世界文学，我遇到了恩师高玉秋、孟庆枢，他们一直启发我如何为学，如何更好地为人。

2007年，我放弃了可能前往南开大学攻读博士学位的机会，在南京中华中学成为一名普通的语文教师。那时，对于未来从事的语文教学工作，我感到迷茫；对于自己工作的选择，我无比坚决，我可以就近照顾父亲，这是我的职责，从未后悔。在中华这所百年教会中学里，面对班主任、两个班语文教学工作，我手足无措过；也同样在这所南京的名校，我在自己所教的班级中，采用行动研究来对文言文阅读教学、散文阅读教学、默写、写作教学等进行教学改进。那时的我，并不孤单。我可以通过电话与相隔千里的好朋友徐鹏进行联系，寻求理论的支持；当我在实践中遇到困难，我可以随时与教学师傅李玲老师进行讨论，从她那里获得教学实践的智慧；我还在下班的地铁和公交上，阅读学习心理学、教学论的相关著作，与素不相识的师长进行对话。每次阅读时，我都感觉自己能够幸运地生活在这一个资讯发达的时代，更幸运的是未来我能够在课堂上真正见到并听到这些师长的教诲和指导。

2012年，在班级管理上台阶、语文教学被肯定、个人多次被表彰等诸多荣誉下，我毅然决定要继续前行，攻读语文教育学的博士。备考的时间，都是日常教育教学之后所剩不多的零碎时间。6:30~7:30，课代表领早读，学生在读语文，我在指导间歇翻一下单词整理本；12:00~13:00，学生午自习的时候，我在教室里做英语阅读；15:00~16:00，我在图书馆进行专业的复习；20:00~22:00，我在办公室对阅读资料进行整理。我没有因为备考而放松对班级的管理和对任课班级的语文教学。对于博士考试，我没有丝毫把握，却幸运地被导师接纳。

前往北京，在北京师范大学读书，这是无比幸福的事情。这个校园，是我好朋友徐鹏深深惦念的地方，我沿着他的足迹走过，总是在想着他那个时候在干什么；对于我自己来说，工作五年后能够重回校园，享受学习的美好时光，真是难得；在我攻读博士学位的时候，面对我知识结构的欠缺，导师郑国民教授为我的成长付出了大量心血，晓波师姐、燕华师姐、欣歆师姐、秀艳师姐始终关注我的进步；在我独自一人北京求学时，也遇到了视我为家人的同门，更遇到了我的妻子曾艳；也就是在北京，曾经的导师孟庆枢、高玉秋等给了我太多的关心和爱护，曾经工作过的中华中学也从遥远的南方给过我许多鼓励。

2015年，从北京回到苏州，在苏州大学成为一名普通教师，我想所有这一切都是最好的安排。只有到苏州大学，我才能够遇到陈昌强、朱钦运、周瑾锋、张春晓、李一等优秀的同龄人；只有到苏州大学，我才有机会去阅读李勇、汪卫东、王耘、王尧、母小勇、朱永新等学人的著作；正是到了苏州大学，我开始了与我们温馨和谐教研室相处过程，也有了与许多优秀师范生交流的机会。当你走近这所综合性大学的师范生，你会感到他们扎实的语文学科基础，我相信未来扎实的学科背景在卓越教师的成长中占比会越来越重。

因为幸运，所以感谢。感谢我的导师高玉秋、孟庆枢、郑国民教授，也感谢我的博士后合作导师母小勇教授。与你们相遇是一种缘分，随老师读书也是一种幸运。这些年来，你们在理论上的指导和生活上的关心，让我从一个学术研究的门外汉逐渐体会到研究的乐趣和艰辛。你们很多次看似"顺便"的点拨，对论文不厌其烦地修改，我都记在心里，也懂得这点染和浸润背后的关爱。我更感念诸位导师在我成长费劲的心力。我深知"感谢"不能承载我对自己人生和学术导师的敬佩，只有在日后踏实的工作和研究中来诠释这份"感谢"的含义。

我也要感谢很多师长、师门成员，这本著作中也凝聚着你们的智慧。在师长的帮助下，著作不断校正航向，扬帆起航，这些老师我一直未忘，他们是：郭戈、徐勇、刘洪涛、丛立新、绕杰腾、漆永祥、苏立康、刘立德、施克灿老师。师门的各位兄弟姐妹，当我翻阅大家的论文，我能读到你们对语文教科书选文研究的真知灼见，置身其中，在智识上给我启发，在情感上让我感到亲切。

最后，借着这本著作的出版，我要感谢我的家人！我的父母虽已不在，但是感谢你们给了我生命，同时也塑造了我坚韧的品性。也感谢姐姐、姐夫承担着家庭的重担，处理家庭中琐碎的杂事，没有丝毫怨言。还有姐姐的女儿匆匆，在她满是秘密的世界中，我感受到了生命的温暖和可爱。也感谢我的岳父岳母、我的妻子，在我学术的辛勤中，他们默默承受着生活的繁杂和辛苦。我也要特别感谢堂堂小朋友，他现在时刻问着"为什么"，这与我面对历史感到困惑时像极了，也希望好奇和探究成为我们俩一生重要的思维品质。

著作的出版，更需要感谢社会科学文献出版社编辑杨轩、黄盼盼、刘玉静三位老师的关心和认可，没有你们的帮助，这本书不可能与读者朋友见面。由于本人学识有限，书中定有不妥和错误之处，也期待读者朋友在阅读中多提宝贵意见，这都会促进我未来做更加深入的思考。

管贤强
2018 年 10 月 10 日夜晚
苏州君地风华

图书在版编目(CIP)数据

民国初期中学国文教科书外国翻译作品研究/管贤强著.--北京：社会科学文献出版社，2019.3
ISBN 978-7-5201-4134-5

Ⅰ.①民… Ⅱ.①管… Ⅲ.①中学语文课-教材-研究-中国-民国②外国文学-文学研究 Ⅳ.①G633.302②I106

中国版本图书馆CIP数据核字（2018）第293051号

民国初期中学国文教科书外国翻译作品研究

著　　者 / 管贤强

出 版 人 / 谢寿光
项目统筹 / 黄盼盼　杨　轩
责任编辑 / 黄盼盼　刘玉静

出　　版 / 社会科学文献出版社·北京社科智库电子音像出版社
　　　　　（010）59367069
　　　　　地址：北京市北三环中路甲29号院华龙大厦　邮编：100029
　　　　　网址：www.ssap.com.cn
发　　行 / 市场营销中心（010）59367081　59367083
印　　装 / 三河市尚艺印装有限公司

规　　格 / 开　本：880mm×1230mm　1/32
　　　　　印　张：9.25　字　数：182千字
版　　次 / 2019年3月第1版　2019年3月第1次印刷
书　　号 / ISBN 978-7-5201-4134-5
定　　价 / 79.00元

本书如有印装质量问题，请与读者服务中心（010-59367028）联系

▲ 版权所有 翻印必究